ROBERT HELMONT

EN VENTE CHEZ DENTU

DU MÊME AUTEUR

AVENTURES PRODIGIEUSES

DE

TARTARIN DE TARASCON

1 vol. gr. in-18. — Prix : 3 fr.

Poissy. — Typ. S. Lejay et Cie.

ROBERT HELMONT

ÉTUDES ET PAYSAGES

PAR
ALPHONSE DAUDET

PARIS
E. DENTU, LIBRAIRE-ÉDITEUR
PALAIS-ROYAL, 17 ET 19, GALERIE D'ORLÉANS
—
1874
Tous droits réservés.

ROBERT HELMONT

— JOURNAL D'UN SOLITAIRE —

1870-1871

A l'Ermitage, ce 3 septembre.

Il y a eu hier six semaines que je me suis cassé la jambe. C'était juste le jour de la déclaration de la guerre. Pendant que M. de Gramont soulevait au Sénat tant de bruit et d'enthousiasme, moi, en revenant de pêcher à l'épervier, je trébuchais au bord de la Seine contre un poteau caché par l'herbe, et j'étais rapporté à mon ermitage de la forêt de Sénart dans un chariot de bûcheron...

Ce matin, je suis sorti pour la première fois, après

cinquante jours de fièvre, de souffrances encore accrues par les nouvelles de la guerre. J'ai eu des cauchemars faits des batailles lointaines; et les sinistres dépêches de Forbach, de Reischoffen restent pour moi confondues avec mes douleurs de blessé, la chaleur du bandage en plâtre, cette immobilité dans l'agitation, qui est le plus cruel des supplices. Enfin, c'est fini! Après n'avoir si longtemps regardé que la cime des arbres et ces grandes nappes de ciel bleu où ne passent que des ailes, je me suis senti tout heureux de poser mes pieds à terre et de descendre mon escalier en hésitant. Mais quelle faiblesse! La tête me tournait. Ma jambe, tant de jours immobile, avait oublié l'équilibre, le mouvement. Il me semblait qu'elle ne faisait plus partie de moi-même, que je n'étais plus maître de la diriger. Pourtant, à petits pas, avec cette méfiance extrême qui double l'infirmité, j'ai pu aller jusqu'à la basse cour et pousser sa petite porte à claire-voie, enfouie sous les hautes herbes. Cela m'a fait plaisir d'entrer là! En mon absence, la femme du garde, mon voisin, a bien soigné tout ce petit monde qui me regarde avec des yeux étonnés, brillants et familiers. Les lapins, les uns sur les autres, sont venus au bord de leur cage, les oreilles dressées et remuantes. Les poules ont continué dans l'herbe leurs éternels coups de bec, secs comme de petites pioches. Plus démonstratif, le coq a ouvert ses ailes toutes grandes avec un cocorico retentissant.

Ensuite je suis venu m'asseoir sur le vieux banc de pierre, verdi, usé, qui, avec la muraille pleine de brèches et deux ou trois pommiers rongés de mousse, date du temps où ma maison, les clos qui l'entourent, faisaient partie d'un ancien couvent bâti au milieu de la forêt... Jamais mon jardin ne m'avait paru si beau. Les espaliers, un peu défeuillés, étaient lourds de pêches mûres et de grappes dorées. Les groseillers s'étalaient en touffes claires, semées de quelques points rouges, et dans ce soleil d'automne, qui fait mûrir toutes les baies, éclater les gousses, tomber les graines, les moineaux se poursuivaient avec des vols inégaux, des cris jeunes, où l'on reconnaissait bien, à travers la bande, la recrue des nouvelles couvées. De temps en temps le vol lourd d'un faisan passait par-dessus le mur en ruines et s'abattait sur un champ de sarrasin. En haut d'un gros arbre, un écureuil jouait, cassait des noix. La chaleur douce, où tout se meut si tranquillement, donnait à ce petit coin rustique un calme extraordinaire. J'avais oublié les Prussiens, l'invasion... Tout à coup, le garde et sa femme sont entrés. C'était si étonnant de voir le père Guillard à l'Ermitage dans la journée, lui, l'éternel coureur du bois. J'ai compris qu'il y avait du nouveau.

— Lisez ça, monsieur Robert... m'a dit le bonhomme.

Et, tirant de sa grosse veste de velours un numéro du *National*, froissé, gauchement plié par des mains peu habituées à manier des journaux, il me l'a tendu d'un air consterné. A la première page, un cadre noir et ces mots sinistres : « *L'armée française a capitulé.* » Je n'en ai pas lu davantage...

... Ébloui, les yeux fermés, j'ai revu pendant cinq minutes cette petite ligne entourée de bluettes, de rayonnements, comme si je venais de la lire sur un mur blanc, plein de soleil. Ainsi donc, plus d'espoir. La dernière digue est rompue. C'est l'invasion, la grande... Le garde croit que, dans huit jours, les Prussiens seront chez nous :

— Ah! mon pauvre monsieur, il faut voir cette

débâcle sur les routes. D'ici Paris, c'est un encombrement de troupeaux, de voitures. Tout le monde fuit, déménage. A Champrosay, il ne reste plus personne. Il n'y a que le fermier Goudeloup qui n'ait pas voulu s'en aller. Il a renvoyé sa femme, ses enfants, chargé ses deux fusils, et il attend.

— Et vous, père Guillard, qu'est-ce que vous comptez faire?

— Moi, monsieur, je ferai comme Goudeloup. Nos chefs ont oublié de nous donner des ordres. J'en profiterai pour rester à mon poste, et garder ma forêt jusqu'au dernier moment. Quand les Prussiens arriveront, nous nous barricaderons dans l'Ermitage; car je pense bien que vous n'allez pas vous en aller, vous, avec votre jambe malade. Et puis si on nous attaque, eh bien! nous nous défendrons. Vous, vous tirerez par les croisées; moi, je garderai la porte Pacôme, et la mère Guillard chargera les fusils... Pas vrai, la mère?...

Brave homme! J'avais chaud au cœur, en l'entendant parler. Malgré ses soixante ans, l'Indien, comme on l'appelle dans le pays, — fait encore un beau soldat, avec sa haute taille, ses larges épaules, ses yeux brillants pleins de ruse et de vie. Je pensais en le regardant, qu'il y aurait eu vraiment de quoi s'occuper en compagnie d'un gars pareil. On aurait pu s'embusquer à la lisière de cette forêt qu'il connaît si bien, démolir quelques Prussiens au passage. Mais alors le sentiment de ma faiblesse, de mon inutilité, m'est revenu subitement, et m'a navré.

Quand le garde et sa femme m'ont eu quitté, je suis resté tout seul, assis sur mon banc, à réfléchir. Étrange détresse que la mienne! Sentir en soi ce besoin d'agitation, de dépense vitale, que donne l'approche du danger, et ne pas pouvoir faire seulement dix pas dans ce petit jardin. Combien de temps resterai-je ainsi? Le médecin dit que j'en ai encore au moins pour deux mois. Deux mois! Ah! misère... Le vent fraîchissait, ma jambe me faisait mal. Je suis rentré, et j'ai dîné tristement. Après dîner, le garde est venu, — comme tous les soirs depuis mon accident, — fumer sa pipe avec moi. Il est plus que jamais décidé à rester à l'Ermitage. Pendant qu'il me faisait tout haut ses plans, ses projets de défense, j'entendais de loin, par la fenêtre ouverte, les bruits ordinaires du crépuscule, des roues criant aux ornières, des trains en marche, des bruissements de feuilles aux fourrés du bois ; et par moments, une autre rumeur faite de toutes celles-là, confondues et augmentées, me semblait monter du sol, suivre le cours de la rivière, les petites collines de l'horizon, grandissant, grandissant toujours. C'était comme le pas multiple d'une armée en route, qui se hâte au jour tombant, cherchant l'étape, pendant que le premier rayon de lune allume les canons des fusils et la pointe dorée des casques...

Soudain une détonation sourde, au ras de terre, nous a fait tressaillir. La mère Guillard, qui enlevait mon petit couvert, a senti trembler dans ses mains la pile d'assiettes qu'elle emportait.

— C'est le pont de Corbeil qui saute!... a dit le garde.

Et ce gentil pays, où je suis allé tant de fois déjeuner les jours de chasse, m'a semblé reculé de vingt lieues... Nous nous sommes regardés un moment, tous les trois, sans parler. A la fin, le père Guillard s'est levé ; il a pris son fusil, sa lanterne, et tout bas, les dents serrées :

— Je vais fermer la porte Pacôme! m'a-t-il dit avec un geste héroïque.

Fermer la porte Pacôme! cela n'a l'air de rien; pourtant, je crois que le bonhomme aura du mal. Depuis près de cent ans que la vieille porte du cloître est entr'ouverte, la forêt en a profité pour se glisser dans l'entre-bâillement, et faire grimper ses ronces indiscrètes à toutes les fentes des ais désunis... Si nous avons un siége à subir, je ne compte pas beaucoup sur cette porte-là!...

5 septembre.

... J'avais cherché cela longtemps, un coin solitaire, pas trop loin de Paris, et où cependant le Parisien ne vienne pas trop souvent. Un jour, en traversant la forêt de Sénart, j'ai découvert l'Ermitage, et, depuis dix ans, j'y passe tous mes étés. C'est un ancien couvent de Cordeliers, brûlé en 93. Les quatre grands murs sont restés debout, rouillés, avec, de place en place, des éboulements qui font dans la verdure des amas de pierres rouges, vite recouverts par une végétation riche, envahissante; des coquelicots, des avoines, des plantes raides, aux feuilles régulières et pointues, s'écartant entre les pierres comme des appliques de métal. Un portail s'ouvre sur la route ; l'autre, la fameuse porte Pacôme, donne sur des fourrés du bois, des petits sentiers à peine tracés, pleins de baume, de menthe sauvage, où, les matins de brume, il m'a semblé souvent voir disparaître le capuchon d'un vieux moine cherchant des simples. De loin en loin, le long du mur, de petites poternes basses, condamnées depuis des siècles, laissent passer, dans l'assombrissement des futaies, de grands filets lumineux, comme si le cloître enfermait tout le soleil du bois.

A l'intérieur, ce sont des terrains vagues, aux herbes brûlées, des petits jardins de paysans, des vergers séparés de treillages, et deux ou trois maisons bâties en cette même pierre rouge, qu'on trouve dans les carrières de la forêt. Le garde habite une de ces maisons, l'autre est toujours à louer ; la mienne, une espèce de tourelle irrégulière et bizarre, se distingue surtout par une vigne vierge qui la couvre complétement. J'en ai coupé juste ce qu'il fallait pour pouvoir ouvrir mes fenêtres. Laissant à la cuisine ses grandes poutres vermoulues, au seuil sa marche usée, je me suis contenté d'exhausser un grenier à foin placé sous le toit, d'y mettre un vitrage à la place des murs, et cela m'a fait un atelier splendide, où je n'ai pour voisins que les nids de ramiers et de pies, balancés à la cime des arbres. Quand je suis là, la forêt m'entoure de solitude comme une mer, avec la houle du feuillage, des flux et des reflux de brises, le murmure d'un temps calme. En été, l'après-midi, à l'heure de la chaleur endormie et silencieuse, un bourdon passe régulièrement, se heurte à ma vitre entr'ouverte dont la clarté l'attire, puis, comme une balle qui rebondit, il part en secouant la poussière dorée de ses grosses ailes et va se perdre dans les buissons de troëne aux parfums de miel. Ce bourdon est mon horloge. Quand il passe, je me dis : « Ah ! voilà deux heures... » Et je suis bien...

En somme, un coin merveilleux pour travailler, et où j'ai fait mes meilleurs tableaux. Aussi, comme je l'aime, ce vieil Ermitage ! Depuis dix ans, je l'embellis de mon mieux. J'y ai porté ce que j'appelle mes richesses : mes livres, mes cartons, mes collections d'eaux-fortes, d'anciennes armes... Et maintenant, il faudrait quitter tout cela, abandonner mon *home* à ces bandits ? Pourquoi faire ? Pour aller m'enfermer dans

Paris ?... Mais, puisque je ne peux pas marcher, à quoi leur serais-je bon, là-bas ? Ils en ont déjà trop de bouches inutiles...

Eh bien ! non. Décidément cet homme a raison. Il ne faut pas nous en aller d'ici... *Pro aris et focis !...*

Je n'ai pu défendre ma patrie, c'est bien le moins que je défende mon foyer.

6 septembre....

Ce matin, le garde entre dans ma chambre. Il était en grand costume comme au 15 août : tunique verte, casquette, baudrier, couteau de chasse, et une figure de circonstance, aussi solennelle que sa tenue.

— Mauvaise nouvelle, m'a-t-il dit en se plantant devant mon lit... On rappelle à Paris tous les gardes forestiers pour les incorporer dans la douane... Nous partons tout à l'heure.

Il avait l'air ému en me parlant ainsi, ce brave père Guillard. Moi-même, j'étais troublé par l'annonce subite de ce départ. Je me suis habillé à la hâte, et nous sommes descendus. Le garde général était en bas, sur la route, avec une vingtaine de forestiers et de cantonniers, tout le personnel du bois ; puis des femmes, des enfants, des chiens d'arrêt, et deux grosses charrettes chargées de meubles, de cages à lapins, de poulets attachés par les pattes. La mère Guillard allait et venait dans sa maison ouverte, cherchant ce qu'elle devait laisser ou emporter, car les voitures étaient pleines et les premiers embarqués avaient pris toute la place. Il fallait voir les perplexités de la pauvre ménagère, courant d'un meuble à l'autre, traînant une grosse commode jusqu'à la porte, et la laissant là, oubliant les choses les plus utiles pour s'encombrer d'objets sans valeur, mais qui étaient des souvenirs pour elle : la vieille pendule avec son globe, des portraits incroyables, une trompe de chasse, une quenouille, et tout cela plein de poussière, cette bonne poussière des reliques de famille, dont chaque grain parle de jeunesse et de beaux jours passés.

— J'espère bien que vous n'allez pas rester ici, monsieur Robert, m'a crié la bonne femme en traversant l'enclos... On vous mettra sur une charrette.

Et, pour achever de me convaincre :

— D'abord, si vous restez, qui vous fera votre cuisine ?

Au fond, ces braves gens étaient un peu honteux de m'abandonner. Ce départ, quoique involontaire, leur semblait une trahison. J'ai essayé de les rassurer sur mon compte, en me rassurant, moi aussi, par la même occasion. Après tout, qui sait ? Les Prussiens ne viendront peut-être pas jusque-là. D'ailleurs, l'Ermitage, perdu dans la forêt, n'était pas sur le passage des troupes. Il n'y avait donc pas le moindre danger. Quelques jours de solitude, mais cela ne m'effrayait pas.

Me voyant si bien décidé, le garde m'a serré la main.

— Bonne chance, monsieur Robert... La femme va vous laisser notre clef... Vous trouverez du vin et des pommes de terre à la cave. Prenez ce que vous voudrez. Nous compterons au retour... Et maintenant la mère, en route ! Les camarades s'impatientent... Surtout, tu sais ce que je t'ai dit, tâche de ne pas pleurer.

Elle en avait pourtant bien envie. En donnant le dernier tour de clef, sa main tremblait. Elle serrait les lèvres... A ce moment, un « *Hi! han!* » formidable a fait retentir l'Ermitage. Le garde et sa femme se sont regardés, consternés :

— C'est Colaquet... Qu'est-ce qu'on va en faire ?

Ce malheureux Colaquet, qu'ils avaient oublié dans le trouble du départ, était leur âne, un joli petit âne gris, à l'œil ouvert et naïf. Piqué au museau, quelques jours auparavant, par une vipère, on l'avait mis au vert dans un petit champ de regain ; et maintenant, il était là à regarder partir ses maîtres, appuyant contre la haie sa tête enflée, qui le faisait ressembler à une bête de l'Apocalypse. Comment l'emmener ? Il serait mort pendant la route, et pourtant le vétérinaire avait bien promis de le sauver. Le sort de ce pauvre animal, un peu semblable au mien, m'a touché.

J'ai promis de veiller sur Colaquet, de le rentrer tous les soirs à l'écurie. Alors les bonnes gens m'ont dit merci, et l'on s'est séparé.

Triste départ ! Les charrettes, lourdes, surchargées, suivaient lentement le grand chemin de la forêt, en faisant crier les cailloux. A côté couraient les enfants, excités par l'imprévu du voyage. Les hommes, à la file, longeaient la lisière du bois, le fusil sur l'épaule, tous d'anciens soldats, aguerris et disciplinés. Derrière eux, s'écartant à peine pour écouter le vol d'une poule faisane ou flairer le passage d'un lapin, les chiens s'en allaient, inquiets, la tête basse. Les animaux domestiques n'aiment pas à être dépaysés, et ceux-là suivaient, à la piste des charrettes, le logis devenu ambulant. La mère Guillard venait la dernière, tenant à la main la grande cage de sa pie, et, de temps en temps, elle se retournait.

Je les ai regardés, assis sur la borne, près du grand portail, jusqu'au moment où tout le convoi a disparu dans ce resserrement des chemins qui s'éloignent. J'ai vu luire le dernier fusil, j'ai entendu grincer le dernier essieu. Puis, la poussière des grandes routes les a pris tous dans un tourbillon... C'est fini ! J'étais seul. Cette idée m'a laissé un malaise inexprimable...

7, 8, 9 septembre...

C'est une existence nouvelle, qui ne serait pas sans charme, si elle n'était troublée par une angoisse, une inquiétude, une attente singulière, qui suspend la pensée, rend tout travail artistique impossible. Je ne peux me prendre qu'à des occupations bêtes, à ces détails de la vie matérielle, dont j'ai toujours eu l'horreur, et auxquels il faut bien que je me résigne, maintenant que je suis mon propre domestique. Dois-je l'avouer ? ces niaiseries ne m'ennuient pas trop. Je comprends les solitaires qui s'amusent à sculpter des racines, à tresser des paniers. Les travaux manuels sont de bons régulateurs pour les existences encombrées de loisir et de liberté. Donc, tous les matins, je commence par faire une visite au poulailler et quand je sens la tiédeur d'un œuf sous la paille, je suis heureux. Ensuite à petits pas, en m'appuyant sur un bâton, je tourne autour du jardin, je cueille les fruits mûrs, et dans les grandes rames sèches, brûlées de soleil, je récolte les haricots, dont les cosses s'ouvrent tout à coup et s'égrènent entre mes doigts. On rirait de me voir assis devant ma porte, taillant le pain de ma soupe ou lavant ma salade à grande eau. J'éprouve à toutes ces choses un bien-être un peu enfantin, mais la convalescence n'est-elle pas elle-même une enfance, un recommencement de vivre ?

Pour éviter les montées et les descentes dans l'escalier aux marches cassées, irrégulières, j'ai fait mon lit dans la salle du rez-de-chaussée. Cette pièce-là me sert de salon, de chambre, de cuisine. Par ces temps fort doux, la porte reste grande ouverte tout le jour sur le jardin. J'entends le bruit des poules, toujours occupées et bavardes, les petites pattes sur le sable, la paille remuée. A côté, dans le clos du garde, je vois le pauvre Colaquet étendu, secouant ses mouches, et avec sa paresse de malade, allongeant sa langue devant lui sur le pré tout violet des mille grappes de la luzerne. Le soir venu, il s'approche péniblement de la clôture qui nous sépare. Moi-même, je me traîne jusque-là. Je lave sa plaie, je renouvelle son eau, je lui jette une couverture sur le dos pour la nuit, et il me remercie en remuant ses longues oreilles.

Ce qui me coûte, dans l'état de souffrance où je suis encore, c'est d'aller chercher de l'eau à l'ancien puits du couvent, tout au bout de l'enclos. Quand j'arrive, je suis obligé de m'asseoir un moment au bord de la margelle fendue, mangée d'herbes folles. Les ornements en fer forgé, d'une courbe ancienne et élégante, ont l'air, sous la rouille

qui les ternit, de tiges grimpantes, dépouillées par
l'automne. Cette mélancolie est bien en rapport avec
le grand silence de l'Ermitage et cette atmosphère
d'abandon qui m'entoure... Le seau est lourd. En
revenant, je m'arrête deux ou trois fois. Il y a là bas,
au fond, une vieille porte que le vent fait battre. Le
bruit de mes pas résonne et me gêne...

O solitude!...

                          10 septembre.

... Je venais de déjeuner sur la pelouse. Un excellent déjeuner, ma foi! Des œufs frais, des raisins cueillis à ma belle vigne rouge. J'étais là, sans penser, entouré de lumière, de chaleur, de silence, très-occupé à regarder la fumée de ma pipe et mes assiettes peintes, où quelque guêpe s'acharnait aux grappes vides. Autour de moi, je sentais le même recueillement, le même endormement de toutes choses, dans cette claire journée d'automne, sous un ciel d'un bleu profond et pur, encore plus beau que les ciels d'été souvent voilés et pâlis par des brumes chaudes... Tout à coup, une détonation formidable, très-voisine, a ébranlé la maison, secoué les vitres, le feuillage, et fait sortir de partout des vols éperdus, des cris, des effarements, une galopade!... Cette fois, ce n'était pas le pont de Corbeil, mais le nôtre, notre joli pont de Champrosay, qui venait de sauter. Cela voulait dire : « Les Prussiens sont là! » Aussitôt mon cœur s'est serré, un voile a passé sur le soleil. Puis cette idée m'est venue, que demain, ce soir peut-être, les chemins du bois seraient envahis, tout noirs de ces cancrelas, que j'allais être obligé de me terrer, de ne plus sortir. Et j'ai voulu revoir une fois encore ma chère forêt, dont je suis privé depuis deux mois.

Les allées étaient admirables, élargies, dégagées des grandes herbes de l'été, ouvertes d'en haut par leurs rameaux éclaircis sur une longue ligne lumineuse. Aux ronds-points inondés de soleil, des bruyères roses un peu passées fleurissaient en bouquets, et, dans les fourrés, parmi les troncs noirs, comme une petite forêt sous la grande, les fougères montraient leurs arbres microscopiques, aux feuillages bizarres. Et quel silence! Ordinairement mille bruits vagues nous arrivent du lointain : les trains en marche qui marquent la ligne d'horizon, les pioches des carriers, des essieux de charrettes tournant lentement aux ornières, les coups de sifflet déchirants de la *chaîne.* Aujourd'hui, rien. Pas même ce murmure perpétuel, qui est comme la respiration des forêts endormies, ces soulèvements de feuilles, ces crépitements d'insectes, ces jolis « *frrrt !* » d'éventail déployé que font les oiseaux sous le feuillage... Il semblait que la détonation de tout à l'heure eût stupéfié la nature.

Un peu las, je m'étais assis sous un gros chêne, quand j'ai entendu un froissement de branches. Enfin !... Je m'attendais à voir un lièvre ou un chevreuil détaler sur le chemin, mais, le feuillage écarté, un grand diable tout habillé de noir, avec un fusil sur l'épaule, un revolver à la ceinture, et la tête couverte d'un immense chapeau tyrolien, a bondi à dix pas de moi. J'ai eu peur. Je croyais avoir affaire à quelque tirailleur bavarois ou saxon. C'était un franc-tireur parisien. Il y en avait une vingtaine dans la forêt en ce moment, reculant jour par jour devant les Prussiens, s'embusquant pour surveiller leur marche et démonter de temps en temps un uhlan de l'avant-garde. Pendant que cet homme me parlait, ses camarades, sortis du fourré, sont venus nous rejoindre. Presque tous d'anciens soldats, ouvriers dans les faubourgs de Paris. Je les ai emmenés à l'Ermitage, et leur ai fait vider quelques bouteilles. Ils m'ont appris que la division du prince de Saxe était arrivée à Montereau, juste à une étape d'ici. J'ai su aussi par eux les travaux de défense commencés autour de Paris, l'organisation des troupes; et de les entendre parler avec cette tranquillité, cette confiance, et surtout l'accent parisien, cela m'a réchauffé le cœur. Ah! les braves gens! si j'avais pu m'en aller avec eux, me coiffer de leur chapeau ridicule, et combattre dans leurs rangs, sous les murs de la bonne ville... Mais, hélas! rien que pour avoir fait vingt pas dans la forêt, ma jambe est enflée et je souffre. C'est égal! J'étais ému en me séparant d'eux. Voilà les derniers Français que je verrai peut-être de longtemps...

Ils sont partis au jour tombant, égayés par ma piquette. Je leur ai donné une poule, mais ils m'en ont emporté quatre...

11 septembre...

Rien.

12 septembre...

Rien encore. Pourquoi? Qu'est-ce qui se passe? Auraient-ils été obligés de reculer? Cette attente est vraiment insupportable.

13 septembre...

Je n'ai plus de pain que pour deux jours. Je me suis aperçu de cela ce matin en ouvrant le bahut où la mère Guillard mettait ma provision de la semaine, six grands pains farineux et dorés, qu'elle retirait pour moi du four chaque dimanche. Comment vais-je faire? J'ai bien un four, une huche, mais pas la moindre farine. Peut-être en trouverai-je à la ferme de Champrosay, si Goudeloup est resté, comme il en avait l'intention. Mais le moyen d'aller jusque-là, dans l'état de faiblesse où je suis?... Assis devant ma porte sur le banc du jardin, je faisais d'assez tristes réflexions, quand j'ai entendu galoper près de moi, dans le champ du garde. C'était Colaquet, Colaquet si indolent d'ordinaire, qui gambadait autour du clos, levant de petites touffes d'herbe sous ses sabots, et se roulant les quatre fers en l'air, avec un contentement, une joie de vivre! A mon appel, il est venu en deux bonds poser sur le treillage sa tête désenflée et naturelle; et l'agitation de ses longues oreilles, dont je commence à comprendre le langage, me disait le bonheur qu'il avait de se sentir libre, déprisonné de sa souffrance et de son infirmité. Heureux Colaquet, le voilà guéri avant moi! Et tandis que je le regardais d'un œil d'envie, je me suis souvenu qu'il y avait là-bas, sous le hangar, une vieille carriole dont le père Guillard se servait autrefois, les jours de fête, pour promener des Parisiens en partie dans la forêt. Si j'attelais Colaquet, nous pourrions aller chercher de la farine... Me voilà fouillant dans le hangar. Parmi les pioches rouillées, des râteaux à foin, des herses hors d'usage, j'ai fini par découvrir un char-à-bancs vermoulu, délaissé, désœuvré, les deux bras à terre. Avec quelques bouts de corde, des clous, je l'ai remis à peu près en état. Cela m'a pris jusqu'au soir; mais quel bon travail! J'étais enchanté de chercher dans ces vieux clous, ces chevilles usées. Une fois ou deux, je me suis surpris à siffler en travaillant. C'est beau, quand on attend les Prussiens... Maintenant tout est prêt, la charrette, l'attelage. Demain matin, s'il n'y a rien de nouveau, en route pour Champrosay!

14 septembre...

Je me suis juré de tenir un journal très-fidèle de l'étrange et terrible existence où je m'engage; si j'ai beaucoup de journées aussi agitées, aussi dramatiques que celle-ci, je n'irai jamais jusqu'au bout. Ma main tremble, ma tête est en feu. Essayons toujours...

En partant, tout allait bien. Le temps était superbe. J'avais mis une botte de foin dans la charrette, et quoiqu'il eût les paupières encore gonflées de sa piqûre, Colaquet nous menait assez droit; il avait fait cette route tant de fois pour porter des paquets de linge à la rivière! Malgré quelques petits cahots, je trouvais la promenade charmante. Pas un bruit suspect. Pas le moindre casque à pointe, ni de fusil luisant au soleil. Seulement, en arrivant dans Champrosay, ce grand silence qui m'avait si fort impressionné, à travers bois, me parut plus frappant encore.

Les petites maisons de paysans étaient méconnaissables : le toit sans pigeons, le seuil fermé, les cours silencieuses. Au-dessus, le clocher de la petite église se dressait en vigie, muet, avec un cadran sans heure. Plus loin, toutes ces villas qui bordent le chemin, prolongeant leurs parcs jusque dans la forêt, étaient fermées strictemént aussi. Pourtant leur parure d'été continuait à fleurir ; et sous l'enfoncement des charmilles, les allées, blondes de sable chaud, avaient à peine quelques feuilles mortes. Rien ne donnait mieux l'idée du départ forcé, de la fuite, que ces maisons désertes et parées derrière leurs hautes grilles. On y sentait encore comme un frémissement, une chaleur de vie, et par moments, au tournant des allées, j'avais des visions de chapeaux de paille, d'ombrelles tendues, de chèvres à l'attache au milieu des pelouses, à la place accoutumée.

Ce qui semblait bien mort, par exemple, c'était la route, cette grande route de Corbeil que j'avais laissée si vivante, avec son va-et-vient continuel de charrettes, de diligences, les voitures des maraîchers, basses-cours ambulantes pleines de caquets et de piaillements, les équipages emportés dans le coup de vent de leur vitesse où flottent par les temps les plus calmes les voiles et les rubans, et ces hautes charretées d'herbage, chargées de faulx et de fourches, promenant une grande ombre en travers du chemin. Maintenant rien. Personne. Dans les ornières comblées, la poussière avait l'aspect tranquille d'une tombée de neige, et les deux roues de ma carriole glissaient sans le moindre bruit. La ferme, qui est au bout du pays, m'apparut de loin, close et muette du pied de ses murs à la plus haute tuile de ses grands toits sans jour. Est-ce que Goudeloup serait parti, lui aussi ?... Me voici devant le portail. Je frappe, j'appelle. Une fenêtre s'entr'ouvre au-dessus de la laiterie, et je vois paraître la tête fruste, un peu sauvage du fermier, sa barbe en broussaille, ses petits yeux ronds et méfiants embusqués derrière de gros sourcils.

— Ah ! c'est vous, monsieur Robert... Attendez, je descends.

Nous entrons ensemble dans la petite salle du bas où les charretiers, les moissonneurs, les batteurs en grange viennent d'ordinaire toucher leur paye à la fin de la journée. Dans un coin, j'aperçois deux fusils tout armés.

— Vous voyez, me dit Goudeloup, je les attends...
S'ils me laissent tranquille, je ne bougerai pas... Mais
s'ils ont le malheur de toucher à la ferme... Gare!

Nous causions à voix basse, comme si on était en
pays ennemi. Il m'a cédé quelques pains, un sac de
farine; puis, le tout chargé sur ma charrette, nous
nous sommes séparés en nous promettant bien de
nous revoir... Pauvre homme!

Avant de rentrer, n'apercevant toujours pas de
Prussien, j'ai eu la curiosité de descendre le petit
chemin qui conduit à la Seine, en longeant les murs
de la ferme. Une fantaisie de peintre. Le fleuve est
l'âme du paysage. C'est lui surtout qui le fait vivre
avec ses vagues sans cesse en mouvement, tout
ce qui passe en un jour, et cet élargissement de la
nature par le reflet, les rives doubles, les soleils couchants profonds comme des abimes de feu. Cette fois,
l'eau réfléchissait bien la mélancolie environnante.
Ce pont abattu, les piles écroulées s'entassant des
deux côtés en monceaux de pierres blanches, les cordages de fer trempant dans l'eau, tout cela faisait sur
l'horizon comme une grande déchirure qui parlait
d'invasion. Plus de bateaux, plus de trains de bois.

La rivière redevenue sauvage, sillonnée de libres courants, de tourbillons, de remous autour des débris du pont, et charriant seulement des paquets d'herbes, de racines où les bergeronnettes fatiguées de voler s'abandonnaient au fil de l'eau. Sur les pentes de chaque rive, des blés encore debout, des carrés de vigne, des champs fraîchement coupés où les hautes meules s'entouraient d'ombre; toute une récolte perdue, à l'abandon...

J'étais là depuis un moment à regarder ce grand désastre, quand j'ai entendu deux coups de feu, suivis de cris, de hurlements. Cela semblait venir de la ferme. Vite, allons voir. A mesure que j'approche, les cris redoublent :

— Au secours !... A moi !...

Je reconnais la voix du fermier au milieu d'autres voix irritées, d'un jargon effroyable. Je fouette Colaquet, mais la côte est rude, et Colaquet n'avance pas. On dirait qu'il a peur. Il couche les oreilles, se serre contre les murs. Avec cela, le chemin tourne, et je ne peux pas voir ce qui se passe là-haut, sur la grand'-route. Tout à coup, par une brèche que l'éboulement du pont voisin semble avoir faite exprès pour moi dans la muraille, tout l'intérieur de la ferme m'apparaît : la cour, les hangars, des hommes, des chevaux, des casques, de grandes lances, des sacs de farine éventrés, un cavalier démonté, étendu de tout son long devant le puits dans une mare de sang, et le malheureux Goudeloup, blême, effaré, hideux, hurlant et se débattant entre deux uhlans gigantesques, qui lui ont noué une corde autour du cou et sont en train de le hisser à la poulie de son grenier à foin. Impossible de dire ce qui s'est passé en moi. Un sentiment d'indignation, de pitié, de révolte, de colère... J'oublie que je suis blessé, que je n'ai pas d'armes. Je prends mon élan pour franchir la brèche, me ruer sur ces misérables... Mais le pied me manque... J'entends comme un craquement de bois sec dans ma jambe, suivi d'une douleur horrible. Je vois tout tourner : la cour, les hangars, la poulie...

... Je me suis retrouvé devant la porte de l'Ermitage, étendu sur le foin de ma charrette. Le soleil se couchait, le bois était toujours paisible. Colaquet broutait tranquillement de l'herbe aux fentes de notre mur. Comment suis-je venu là ? Comment ai-je pu

2.

éviter les uhlans, dont la grand'route était pleine? A moins que Colaquet ait eu l'idée de prendre à travers champs et de gagner la forêt par le chemin des carrières?... Le fait est que le brave animal levait la tête très-fièrement, et remuait ses oreilles de l'air de me dire : « Je t'en ai tiré d'une belle!... » Je souffrais beaucoup. Pour descendre de charrette, dételer, rentrer chez moi, il m'a fallu un vrai courage. Je croyais m'être cassé la jambe une seconde fois. Pourtant, après une heure de repos, j'ai pu me lever, manger un peu, écrire ces quelques pages. La douleur n'est déjà plus aussi vive, rien qu'une grande lassitude... C'est égal! je crois que cette nuit, je ne dormirai guère. Je sais qu'ils rôdent, qu'ils sont là, et je les ai vus à l'œuvre... Oh! ce malheureux paysan, assassiné dans la cour de sa ferme, se traînant, s'accrochant aux murs!...

20 septembre.

Aux quatre coins de l'horizon, dans ce lointain des routes que le vent prend tout à coup en passant pour me l'apporter aux oreilles, c'est un roulement confus, continuel, un bruit de flot, lourd et monotone, qui enveloppe toute la forêt et s'écoule lentement vers Paris, pour s'arrêter là-bas où finissent les grands chemins, à la zone immense de l'investissement. Jusqu'à présent l'inondation m'a épargné; et je suis là, dans mon Ermitage, anxieux, blotti, écoutant le flot qui monte, comme un naufragé sur une roche entourée d'eau.

Heureusement pour moi, si le pays est envahi, il n'est pas encore régulièrement occupé. Les troupes passent et ne séjournent pas. Pourtant deux ou trois fois déjà j'ai entendu, la nuit, des patrouilles à cheval longer les murs de l'Ermitage. Aux approches de la chasse, les gendarmes forestiers passaient ainsi quelquefois, s'arrêtant un moment sous le portail pour jeter à la petite maison du garde un bonsoir retentissant. Les chiens aboyaient, se pressaient au chenil en soufflant. Puis une porte s'ouvrait, et le père Guillard apportait sur la route un grand pot de vin mousseux où trempait un fil de lune et qu'on vidait sans quitter l'étrier. Quelle différence avec ces patrouilles fantômes dont l'approche me fait battre le cœur! Cela passe silencieusement. De temps en temps un cliquetis de sabre, un ébrouement de cheval, quelques paroles à voix basse dans une langue dure et barbare qui écorche la brume. En voilà assez pour me tenir éveillé toute la nuit.

Le jour, des clairons aigres, criards, m'arrivent par bouffées dans le petit jardin, avec des batteries de tambours, sourds et fêlés, marquant lourdement le pas sur un rhythme sautillant et baroque qui semble promener une danse de cannibales. Et c'est au son de ces tambours sauvages que toutes les races du Nord, les Goths, les Visigoths, les Ostrogoths, défilent sur nos belles routes de l'Ile-de-France, où cet automne superbe leur donne l'éblouissement d'un soleil inconnu et d'un ciel incomparable..... Moi, pendant ce temps, je fais ma vie aussi ignorée que possible. Je n'allume plus la cheminée, pour supprimer la fumée qui rend le toit visible et vivant. Je ne sors plus, même dans l'enclos. Je suis sûr qu'il y a des herbes en travers de ma porte et que la forêt envahissante me barricade déjà. Enfin, par mesure de sûreté, j'ai tué mon coq. Ç'a été un dur sacrifice. J'aimais ce réveil brusque du petit jour, cet appel à la vie, au travail, que le coq lance à tout l'horizon, dressé droit sur ses ergots de bataille, avec un grand secouement d'ailes. Mais les Prussiens auraient pu l'entendre..... Maintenant je n'ai plus dans ma basse-cour que trois ou quatre poules silencieuses et tranquilles et quelques lapins qui ne risquent pas de me trahir.

21, 22, 23 septembre.

..... J'écris ceci, la nuit, à la lueur d'un petit feu de mottes sèches, une espèce de brasero allumé dans un coin de la salle sur le carreau. Je n'ai plus ni huile ni bougie. Il pleut. J'entends tout autour de l'Ermitage l'eau ruisseler sur deux lieues de feuilles. Le vent souffle. J'ai mon revolver tout armé près de moi, un fusil de chasse chargé à chevrotines, et j'attends que les bandits reviennent, car ils sont venus.

J'ai eu leur première visite, il y a trois jours, dans l'après-midi du 21. Des pas lourds sur les pavés du cloître m'ont fait entr'ouvrir ma lucarne, et j'ai vu cinq ou six grands diables en bérets, mines rougeaudes, figures basses et féroces, comme celles des assassins de Goudeloup. Ils parlaient à demi-voix, s'avançaient timidement, aussi lâches que pillards. Je n'aurais eu qu'à tirer sur eux pour les mettre en fuite, mais l'éveil une fois donné, ils seraient revenus plus nombreux. J'ai attendu. Grâce à l'aspect sauvage de la maison, aux vignes, aux lierres qui la ferment comme une ruine, les bandits ont passé sans s'arrêter. Pourtant l'un d'eux, le dernier, s'est penché une minute à la serrure. Debout, derrière ma porte, le revolver au poing, j'entendais sa respiration, tout en retenant la mienne. Peut-être avait-il vu la lumière de mon feu déjà en cendres et presque éteint. Le fait est que le misérable ne s'en allait pas et commençait à fourrager ma serrure avec sa baïonnette. Heureusement ses camarades l'ont appelé :

— Hartmann... Hartmann...

Alors il est allé les rejoindre et j'ai pu regarder dans le clos par la lucarne.

Ils venaient d'enfoncer la porte du garde. Pauvre mère Guillard! c'était bien la peine de me confier sa clef... Bientôt après, des hurlements de joie m'annonçaient la découverte de la cave. Pour boire plus à leur aise, ils ont amené une barrique de vin dans le clos, et l'ont hissée sur un large banc de pierre. La barrique défoncée, ils se sont mis à boire dans leurs bérets, dans leurs mains, criant, se bousculant. Les têtes penchées disparaissaient dans le tonneau, en sortaient barbouillées de lie, et d'autres prenaient leur place avidement. Ce petit vin nouveau, fait de raisins noirs, serrés et aigres, a eu vite grisé tous ces buveurs de bière. Les uns chantaient, dansaient autour de la barrique. D'autres étaient rentrés chez le garde, et comme il n'y avait rien là qui pût les tenter, pour satisfaire leur désir de pillage, ils jetaient les meubles par la fenêtre, faisaient du feu avec une armoire de noyer dont les ais secs et rongés de vieillesse s'allumaient comme une botte de paille. A la fin ils sont partis, ivres, sous la pluie battante. Devant le portail, il y a eu une querelle. J'ai vu luire des baïonnettes, un homme rouler lourdement dans la boue et se relever tout sanglant, l'uniforme souillé de la terre jaune des carrières. Et dire que la France est à la merci de ces brutes !...

Le lendemain ils sont revenus, toujours les mêmes. J'ai compris par là qu'ils n'avaient pas ébruité leur aubaine, et je me suis un peu rassuré. Cependant me voilà tout à fait prisonnier. Je n'ose plus bouger de la grande salle. Tout près, dans un petit serre-bois, j'ai remisé Colaquet dont les galopades auraient pu me dénoncer. Le pauvre animal prend assez bien sa captivité, dort une partie du jour, et se secoue par moment tout entier, surpris de ne plus sentir l'air frais autour de lui... Au jour tombant, les Prussiens sont partis, plus ivres que la veille.

Aujourd'hui, je n'ai vu personne. Pourtant la barrique n'est pas encore vide. Je les attends.

24 septembre.

.... Ce matin, canonnade furieuse. On se bat sous Paris. Le siége est commencé. Cela m'a causé une impression de douleur, de colère, impossible à rendre. Ils tirent sur Paris, les misérables ! C'est l'intelligence du monde entier qu'ils visent. Oh ! pourquoi ne suis-je pas là-bas avec les autres ?...

Du coup toutes mes transes de la veille ont disparu. J'ai eu honte de ma vie de taupe. Moi qui depuis huit jours ne buvais que de l'eau de citerne, je suis allé exprès remplir ma cruche au puits du cloître. Je ne sais pas pourquoi, il me semblait bon de courir quelque danger. En passant, j'ai regardé chez les Guillard, et ma colère s'est encore excitée devant ce petit logis de pauvre mis à néant, les meubles détruits, brûlés, les vitres cassées. J'ai pensé à ce qu'ils feraient de Paris s'ils y entraient...

Je venais de fermer ma porte, quand j'ai entendu marcher dans le clos. C'était un de mes gueux de l'autre jour, celui-là même qui a si longtemps fourragé ma serrure. Il a regardé s'il restait encore du vin dans le tonneau, puis, sa gourde remplie, il s'est mis à boire, vautré tout de son long sur le banc de pierre, la tête appuyée sur ses coudes. En buvant, il chantait. Sa voix jeune, vibrante, emplissait le cloître d'un refrain où le mois de mai, — *mein lieb, lieb Maï*, revenait toujours. Je l'avais juste en face de ma lucarne, à une bonne portée de revolver. Je suis resté longtemps à le regarder en me demandant s'il fallait le tuer. Du côté de Paris la canonnade grondait toujours et me secouait le cœur d'une terrible émotion... Après tout, peut-être qu'en tuant celui-là j'en sauverais d'autres, des miens, de ceux qui tombent là-bas sur les remparts...

Je ne sais pas si mon regard invisible, toute cette

haine qui s'en allait de moi à lui, n'a pas fini par le troubler, le mettre en éveil. Mais tout à coup il a levé la tête, une tête aux cheveux touffus, hérissés, des yeux d'albinos, des moustaches rousses où les dents riaient férocement. Il a regardé un instant autour de lui avec méfiance; et, son ceinturon rajusté, sa gourde remplie, il est parti. Comme il passait près de ma lucarne, j'avais le doigt sur la détente. Eh bien! non. Je n'ai pas pu. Tuer pour tuer, aussi sûrement, presque sans danger, était au-dessus de mes forces. Ce n'est pas si facile qu'on pense de supprimer une vie de sang-froid.

Une fois sorti de l'Ermitage, échappé à cette vague impression de peur, le drôle a repris sa chanson de plus belle et je l'ai entendu s'éloigner en jetant à tous les arbres du bois son « *Mein lieb, lieb Maï...* »

Chante, chante, mon garçon, tu as bien manqué ne plus le voir, ton joli mois de mai...

Octobre...

Quel jour? quelle date? Je n'en sais plus rien. Tout est brouillé dans ma tête. Pourtant il me semble bien que nous sommes en octobre. Les journées, uniformes pour moi, sont de plus en plus courtes, le vent plus froid ; et les grands arbres qui m'entourent s'éclaircissent à chaque coup de vent. Du côté de Paris, la canonnade incessante fait à toute ma vie un accompagnement lugubre, une basse sourde et profonde confondue sans cesse avec ma pensée. Il faut croire que les Prussiens ont de la besogne par là-bas, car mes maraudeurs ne sont pas revenus. Je n'entends même plus ces longs roulements de fourgons et de tambours qui sonnaient sur les routes autour du bois. Aussi j'ai refait du feu dans la salle et je circule à travers l'enclos librement.

De jour en jour la vie matérielle devient plus difficile. Tout me manque, le pain, le vin, l'huile à brûler. Il y a un mois, avec le soleil, la maison ouverte, le bien-être de la chaleur, les privations étaient encore supportables ; mais à présent c'est dur. Dans la basse-cour il ne me reste que deux poules toujours cachées sous les poutres à cause du vent de pluie qui souffle continuellement. Je fais des bourrées avec les branches des arbres fruitiers, qui cassent et tombent, fragiles, les feuilles ne les protégeant plus. Les pommiers ont des mousses dorées, les pruniers de longues lignes de gommes claires sous l'écorce résineuse, et cela me donne de grands feux gais qui gardent un peu de soleil dans leur chaleur. J'ai aussi cueilli mes dernières pommes, toutes rouges du frisson des gelées, et je suis parvenu à faire un mauvais petit cidre, dont je me sers en guise de vin. Pour le pain, c'est plus difficile. Avec la farine du malheureux Goudeloup, j'ai essayé de pétrir de la pâte au fond d'un tiroir de bahut servant de huche ; après quoi, sous la cendre, entre des briques chaudes, j'ai fabriqué, tant bien que mal, d'épaisses galettes dont la croûte est brûlée et l'intérieur à peine cuit. Elles m'ont rappelé ces rondelles de pâte que, tout enfant, je mettais entre les pincettes pour faire des petits pains gros comme des pastilles.

De temps en temps il m'arrive une aubaine. Ainsi l'autre jour, en furetant dans la maison du garde, j'ai trouvé sur la planche d'un placard, moisi d'humidité, quelques bouteilles d'eau de noix échappées au pillage ; une autre fois un grand sac que j'ai ouvert avec des battements de cœur, croyant qu'il contenait des pommes de terre. J'ai été bien saisi en tirant de là des becs de pies, des têtes de vipères, sèches et grises comme de la poussière, des queues d'écureuils en belle fourrure rousse, des queues de mulots minces comme une tresse de soie. Ce sont les petits profits des gardes forestiers ; on leur donne tant par tête ou par queue de bêtes malfaisantes. Aussi gardent-ils chez eux très religieusement ces trophées de chasse, que l'administration leur achète tous les mois.

— Ça paye toujours le tabac, comme disait le brave Guillard.

J'avoue qu'en ce moment je donnerais volontiers tout cet ossuaire pour quelques paquets de la régie. Je n'ai plus de tabac que pour deux ou trois jours, et c'est là, en vérité, la seule disette qui m'effraye. La forêt est pour moi un garde-manger inépuisable. Quand ma basse-cour sera vide, je pourrai, avec des collets, prendre quelques-uns de ces beaux coqs faisans qui viennent autour de l'Ermitage piquer des graines de sarrasin enfouies dans la terre humide; mais le tabac, le tabac...

Je lis un peu, j'ai même essayé de peindre. C'était l'autre matin, par un beau soleil rouge, dans l'air opaque de brouillard. Il y avait sous le hangar un tas de pommes qui me tentaient avec leurs belles couleurs nuancées du vert tendre des feuilles nouvelles aux tons ardents des feuilles mortes. Mais je n'ai pas pu travailler longtemps. Au bout d'un moment, le ciel était devenu noir. Il pleuvait à torrents. Et de grandes troupes d'oies sauvages, le vol battant, le cou tendu, passaient au-dessus de la maison, annonçant un hiver rude et la neige prochaine, au duvet blanc tombé de leurs ailes...

Même mois....

Aujourd'hui grande excursion à Champrosay. Rassuré par le silence des environs, j'ai attelé Colaquet de bonne heure, et nous sommes partis. A défaut de visage humain, j'avais besoin de voir des routes, des maisons.

J'ai trouvé le pays aussi désert, aussi silencieux et bien plus lugubre que la dernière fois. Les Prussiens n'ont fait que passer, mais partout ils ont laissé leur trace. J'ai cru voir un village d'Algérie après une pluie de sauterelles, quelque chose de nu, de dépouillé, de rongé, de criblé; les logis ouverts, portes et fenêtres, jusqu'aux grilles des chenils et aux claires-voies des clapiers. Je suis entré dans quelques maisons... Nos paysans sont un peu comme les Arabes. On les voit aux champs, dans leurs cours, au seuil de leurs portes ; mais ils laissent pénétrer difficilement le Parisien chez eux. Maintenant je pouvais fouiller jusqu'au fond toutes ces vies inconnues, tous ces logis abandonnés.

Les habitudes s'y voyaient encore, tracées au manteau des cheminées sombres de suie, pendues aux cordes des petites cours où sèchent des lessives, fixées aux murs par des clous vides, et dans la table de noyer par des marques faites d'un couteau distrait, des entailles creusées d'une bouchée à l'autre. Tous ces intérieurs villageois se ressemblaient. J'en ai visité un pourtant qui avait un luxe de plus que les autres ; un salon, ou du moins quelque chose qui voulait être un salon. Dans une petite pièce carrelée, derrière la cuisine, on avait tendu un papier vert, mis des vitraux coloriés à la fenêtre, des chenets dorés, un guéridon, et un grand fauteuil couvert d'une perse usée. On sentait là toute l'ambition d'une vie de paysan. Sûrement, cet homme avait dû se dire : « Quand je serai vieux, que j'aurai bien trimé, bien sué, je me ferai bourgeois.

J'aurai un salon, comme chez le maire, avec un bon fauteuil pour m'asseoir dessus. » Pauvre diable! On le lui a bien arrangé, son salon.

Je suis parti de Champrosay, le cœur serré. La tristesse de ces maisons abandonnées m'avait saisi et pénétré comme le froid qui tombe des murs d'une cave. Aussi, pour rentrer à l'Ermitage, j'ai fait un long détour à travers bois. J'avais besoin d'air, de nature.

Malheureusement tout ce côté de la forêt a un aspect de sauvagerie et d'abandon qui n'est pas bien égayant non plus. D'anciennes carrières explorées ont mis là des encombrements de roches, un dispersement de cailloux qui rendent le sol plus sec et stérile. Pas un brin d'herbe sur les chemins. Seuls des violiers, des ronces, des lierres montent de ces grands trous béants, en s'accrochant de toutes leurs racines aux aspérités des pierres; et dans cet enlacement de branches dépouillées, les carrières paraissent plus profondes. Nous allions depuis un moment à travers des roches. Tout à coup Colaquet s'arrête, et se met à remuer ses oreilles avec terreur. Qu'est-ce qu'il y a? Je me penche, je regarde... C'était le cadavre d'un soldat prussien qu'on avait jeté la tête en bas dans la carrière. J'avoue que j'ai frissonné. Sur la grande route, dans une plaine, ce cadavre m'aurait moins frappé. Où il y a tant de soldats et de fusils, la mort prévue semble errer tout le jour; mais ici, dans ce trou, à ce coin de bois, cela sentait l'assassinat, le mystère... En regardant bien, j'ai cru reconnaître mon maraudeur de l'autre jour, celui qui chantait le mois de mai de si bon cœur. Est-ce un paysan qui l'a tué? Mais ce paysan, d'où viendrait-il? Il n'y a plus personne à Champrosay, à Minville, aux Meillottes. Plutôt quelque querelle entre camarades, une de ces batailles d'ivrognes, comme j'en ai vu une des fenêtres de l'Ermitage...

Je suis rentré très-vite; et tout le soir j'ai songé que j'avais pour seul hôte, pour seul compagnon, dans la forêt immense et triste, ce cadavre étendu sur le sable rouge des carrières...

Date inconnue...

Il pleut, il fait froid. Le ciel est noir. Je vais et viens tout seul dans l'Ermitage, faisant des fagots et du pain, pendant que la canonnade résonne incessam-

3.

ment, et par un singulier phénomène, secoue le sol encore plus que l'air. Avec mes travaux de prisonnier, ma vie égoïste et silencieuse au milieu de ce terrible drame, je me fais l'effet d'une fourmi s'agitant tout au ras de terre, sourde aux bruits de l'humanité trop grands pour sa petitesse, et qui l'entourent sans la troubler. De temps en temps, pour me distraire, j'entreprends un voyage à Champrosay, sans craindre les Prussiens qui ont décidément abandonné la route de Corbeil et descendent vers Paris par Melun et Villeneuve-Saint-Georges. Deux ou trois fois pourtant, le galop d'un cheval m'a forcé à me réfugier dans quelque hangar, et j'ai vu passer l'estafette, rapide et pressée, traversant le pays seulement pour le relier au quartier général, prendre possession de la route, la marquer au fer des chevaux prussiens.

Ce village désert, aux maisons ouvertes, m'intéresse et me charme, comme une sorte de Pompéï. Je le parcours, je le fouille. Je m'amuse à reconstruire la vie de tous ces absents...

Un autre jour.

... Il se passe autour de moi quelque chose d'extraordinaire. Je ne suis pas seul dans la forêt. Il y a évidemment quelqu'un de caché par ici, et quelqu'un qui tue. Aujourd'hui, dans le lavoir de Champrosay, j'ai trouvé un second cadavre. Un Saxon étendu, sa tête blonde hors de l'eau, couchée sur la margelle humide. Du reste bien enfoui, jeté à l'oubli dans ce petit lavoir entouré de taillis, aussi sûrement que l'autre, là-bas, dans les carrières de la forêt. Par hasard j'avais mené Colaquet jusque-là pour le faire boire. L'apparition de ce grand corps immobile m'a saisi. Sans la mare de sang qui inondait la pierre autour de sa tête et se mêlait dans l'eau aux derniers rayons d'un soleil de pourpre, on aurait pu croire qu'il dormait, tant ses traits étaient apaisés et tranquilles. J'ai remarqué souvent cela sur le visage des morts. Pendant une minute de grâce, ils ont quelque chose plus beau que la vie, une sérénité sans sourire, un sommeil sans souffle, un rajeunissement de tout l'être qui semble comme une halte entre les agitations de l'existence et les surprises de l'inconnu qui va s'ouvrir.

Pendant que je regardais ce malheureux, le soir tombait. Dans le crépuscule, clair sans éblouissement, une grande douceur descendait sur toutes choses. Les routes se prolongeaient, régulières et droites, déjà plus lumineuses que le ciel. Le bois s'étendait en masses sombres, et au-dessous de moi un petit chemin de vignes s'éclairait vaguement d'un rayon de lune. Sur cette nature au repos après sa journée de fatigue, sur les champs silencieux, la rivière muette, tout ce paysage calme entrant doucement dans la nuit, il y avait le même recueillement, le même agrandissement que sur ce visage de soldat envahi par la mort.

Un autre jour.

... Entre Champrosay et les Meillottes, au milieu d'un parc qui longe la Seine, se trouve une belle maison Louis XV, du temps du marquis d'Étiolles et de madame de Pompadour. Deux charmilles droites et épaisses descendent jusqu'à la rivière, montrant, — l'été, — au bout des feuillages verts, inclinés, un miroir d'eau bleue confondu dans le bleu du ciel.

Toute l'ombre des vieilles allées a l'air de s'échapper par ces deux trous de lumière. A l'entrée, près des grilles, un large fossé bordant les pelouses, un rond-point de tilleuls moussus, des bornes ébréchées aux roues des voitures disent l'ancienneté de cette maison discrète. J'ai eu la fantaisie d'entrer là l'autre jour.

Par une allée tournante je suis arrivé tout de suite aux perrons. Les portes étaient ouvertes, les volets cassés. Dans les grands salons du rez-de-chaussée où des panneaux s'effaçaient tout le long de la boiserie blanche, il ne restait plus un meuble. Rien que de la paille; et sur la façade, parmi les sculptures des balcons, des traces toutes fraîches, des éraflures marquaient la descente du mobilier par les croisées. La salle du billard était seule intacte. Les officiers prussiens sont comme les nôtres, ils aiment beaucoup jouer au billard. Seulement ces messieurs avaient tiré à la cible dans une glace pour s'amuser, et avec ses rayures, ses cassures éclaboussées, ses petits trous ronds, tout noirs dans la lumière, cette glace ressemblait à un lac gelé, sillonné par des patins aigus. Défoncées à coups de baïonnettes et de crosses, de hautes portes-fenêtres laissaient passer le vent qui roulait des feuilles mortes jusque sur les planchers. Dehors, il s'engouffrait sous la nef des charmilles, balançait une barque oubliée sur l'étang, pleine de branches brisées, de feuilles de saule couleur d'or.

J'ai suivi les allées jusqu'au fond. Il y a là, dans un coin de terrasse, un pavillon en briques rouges qui se dresse au-dessus de la rivière. Comme il est enfoui dans les arbres, les Prussiens n'ont pas dû le voir. Pourtant la porte était entr'ouverte. J'ai trouvé à l'intérieur un petit salon tapissé d'une perse claire à feuillage qui semble continuer le jasmin de Virginie grimpant entre les persiennes. Un piano, de la musique dispersée, un livre oublié sur un pliant de bambou, à cette place qui regarde la Seine; et sous le jour discret des persiennes fermées, élégant et sobre dans un cadre d'or, un portrait de femme. Femme ou jeune fille? On ne sait. Brune, grande, l'air ingénu, le sourire énigmatique, des yeux couleur de regard, de ces yeux de Paris changeant selon la flamme qui les éclaire. C'est le premier visage que j'aie vu depuis deux mois, et si vivant, si fier, si jeune dans sa gravité! L'impression que m'a faite ce portrait est singulière... Je rêvais des après-midi d'été qu'*elle* avait dû passer là, cherchant la solitude et la fraîcheur à ce coin de parc. Le livre, la musique disaient une nature distinguée ; et il était resté dans le demi-jour de ce réduit comme un parfum de l'été fini, de la femme disparue, d'une grâce réfugiée tout entière au sourire de ce portrait.

Qui est-elle? Où est-elle? Je ne l'ai jamais vue. Je ne la rencontrerai probablement jamais. Et cependant, sans que je sache pourquoi, je me suis senti moins seul en la regardant. J'ai lu le livre qu'elle lisait, tout heureux d'y trouver des marques. Et depuis, je ne passe pas un jour sans y penser. Il me semble que si j'avais ce portrait ici, l'Ermitage serait moins triste ; mais pour compléter le charme du visage, il faudrait avoir aussi le jasmin grimpant du pavillon, les roseaux du bord de l'eau, et les petites plantes sauvages du fossé, dont la saveur amère me revient en écrivant ces lignes.

Un soir, en rentrant.

... Trouvé encore un Prussien mort. Celui-là était couché dans un fossé du bord de la route. C'est le troisième... Et toujours la même blessure, une entaille effroyable à la nuque... C'est comme une signature, toujours de la même main.

Mais qui?...

15 novembre.

... Pour la première fois depuis longtemps, je puis mettre une date à mon journal, et me reconnaître un peu dans cet embrouillement de journées uniformes. Ma vie est toute changée. L'Ermitage ne me paraît plus aussi muet, aussi triste; il y a maintenant de longues causeries à voix basse la nuit près des feux couverts dont nous emplissons la cheminée de la salle. Le Robinson de la forêt de Sénart a trouvé son Vendredi, et voici dans quelles circonstances.

Un soir de la semaine dernière, vers les huit ou neuf heures, pendant que j'étais en train de faire rôtir une belle poule faisane à un tourne-broche de mon invention, j'entendis des coups de fusil du côté de Champrosay. C'était si extraordinaire, que je restai très-attentif, tout prêt à éteindre mon feu, à faire disparaître cette petite lueur qui pouvait me trahir

Presque aussitôt des pas précipités, très-lourds sur le gravier de la route, se rapprochèrent de l'Ermitage, suivis d'aboiements et de galops furieux. On avait l'impression d'un homme relancé, chassé à courre, avec des chevaux et des chiens acharnés sur ses talons. En frissonnant, gagné par cette terreur vivante que je sentais arriver vers moi, j'entr'ouvris ma fenêtre. Dans le clos plein de lune, un homme entrait à ce moment, courant vers la maison du garde avec une certitude qui me frappa. Certainement il connaissait les êtres. Au passage, je ne pus distinguer ses traits. Je vis seulement la blouse bleue d'un paysan, toute remontée dans l'agitation d'une course folle. Par une croisée défoncée, il sauta dans la maison des Guillard, et disparut dans la nuit du logis vide. Derrière lui, un grand chien blanc arrivait à l'entrée du cloître. Dérouté une minute, il resta là à remuer la queue et à renifler, puis se coucha de tout son long devant le vieux portail, donnant de la voix pour attirer les chasseurs. Je savais que les Prussiens avaient souvent des chiens avec eux, et je m'attendais à voir paraître une patrouille de uhlans... La vilaine bête ! comme je l'aurais étranglée volontiers, si elle avait été à portée de mon bras. Je voyais déjà l'Ermitage envahi, fouillé, ma retraite découverte, et j'en voulais à ce malheureux paysan d'être venu se réfugier tout près de moi, comme si la forêt n'avait pas été assez grande. Quel sentiment égoïste que la peur!...

Heureusement, les Prussiens n'étaient sans doute pas en nombre, et le noir, l'inconnu de la forêt les intimida. Je les entendis rappeler leur chien, qui continuait devant la porte ses hurlements, ses petits cris de bête en arrêt. A la fin pourtant il se décida à partir, et le bruit de ses bonds à travers les branches, les feuilles mortes, se perdit au loin. Le silence qui suivit me glaça. Il y avait un homme là, en face de moi. Par l'ouverture ronde de ma lucarne, j'essayais de percer l'ombre d'un regard. La petite maison du garde était toujours morne et silencieuse, avec les trous noirs de ses fenêtres sinistres sur la façade blanche. Je me figurais le malheureux blotti dans un coin, transi, peut-être blessé. Allais-je le laisser sans secours?... Mon hésitation ne fut pas longue... Mais juste au moment où j'entr'ouvrais doucement ma porte, elle reçut du dehors une poussée violente, et quelqu'un se précipita dans la salle :

— N'ayez pas peur, Monsieur Robert, c'est moi... C'est Goudeloup...

C'était le fermier de Champrosay, celui-là même que j'avais vu la corde au cou, prêt à être pendu dans la cour de sa ferme. A la lueur du feu, je le reconnus tout de suite; pourtant il avait quelque chose de changé. Hâve, maigri, envahi par une barbe trop longue, son regard aigu, sa lèvre serrée en faisaient un être bien différent du fermier aisé, heureux, que j'avais connu autrefois. Du coin de sa blouse, il essuyait du sang sur ses mains.

— Vous êtes blessé, Goudeloup ?

Il eut un petit rire singulier :

— Non... Non... C'en est un que je viens de saigner là-bas sur la route. Seulement cette fois je n'ai pas eu de chance. Il en est venu d'autres pendant que je travaillais..... C'est égal ! Celui-là ne se relèvera pas.

Et il ajouta, toujours avec son petit rire féroce qui découvrait ses dents espacées comme des dents de loup :

— Voilà le quinzième que je couche depuis deux mois..... J'espère que c'est joli pour un homme seul, et qui n'a pas d'autre arme que ça.

Il avait tiré de sa blouse un sécateur, un de ces grands ciseaux de jardinier qui servent à tailler les rosiers, les arbustes. J'eus un frisson d'horreur en regardant cet outil d'assassin au bout de cette main sanglante; mais j'étais muet depuis si longtemps, privé de toute communication avec un être humain, que ce premier mouvement de répulsion vaincu, je fis asseoir ce malheureux à ma table. Alors, dans le bien-être de la petite salle, à la chaleur des bourrées, à l'odeur du faisan qui achevait de se dorer devant la flamme, sa figure de fauve sembla s'adoucir. Ses yeux habitués à l'ombre des longues nuits clignotèrent un peu, et d'une voix tranquille il me raconta son histoire.

— Vous m'avez cru pendu, monsieur Robert; eh bien! moi aussi j'ai cru que je l'étais..... Figurez-vous que lorsque les uhlans sont arrivés devant la ferme, j'avais d'abord essayé de me défendre; mais ils ne m'ont pas même donné le temps de décharger mon second fusil. Pas plus tôt le premier coup parti, le portail était forcé, et j'avais trente de ces bandits sur le dos. Ils m'ont mis la corde du grenier au cou, et hisse!..... Pendant une minute, tout étourdi de ne plus sentir la terre sous mes pieds, j'ai vu tourner autour de moi la ferme, les hangars, les chenils, ces grosses faces rouges qui riaient en me regardant, et vous-même que j'apercevais là-bas dans la brèche du mur, pâle comme un fantôme. Cela me faisait l'effet d'un rêve..... Voilà que tout à coup en me débattant, je ne sais pas pourquoi l'idée m'est venue de faire le signe de détresse maçonnique. J'avais appris ça dans ma jeunesse, du temps que je faisais partie de la loge du Grand-Orient. Aussitôt mes bandits lâchent la corde, et je retrouve la terre sous mes pieds. C'était leur officier, — un gros à favoris noirs, — qui m'avait fait dépendre, rien que pour mon geste.

« — Vous êtes franc-maçon, me dit-il tout bas en très-bon français, je le suis aussi..... et je n'ai pas voulu laisser sans secours un frère qui m'implorait... Filez vite et qu'on ne vous revoie plus..... »

Je suis sorti de chez moi, la tête basse, comme un mendiant. Seulement je ne suis pas allé bien loin, vous pensez. Caché dans les débris du pont, vivant de raves crues et de prunelles, j'ai assisté au pillage de mon bien; les greniers vidés, la poulie grinçant tout le jour pour descendre les sacs, le bois brûlé en pleine cour, de grands feux autour desquels on buvait mon vin, et mes meubles, mes troupeaux s'en allant pièce à pièce par les routes. Enfin, quand il n'est plus rien resté, chassant devant eux ma dernière vache à coups de fouet, ils sont partis en mettant le feu à la maison. Ce soir-là, lorsque j'ai eu fait le tour de ma ruine, lorsque j'ai calculé en pensant aux enfants, que de toute ma vie je ne pourrais plus réunir un bien pareil, même en me tuant de travail, je suis devenu fou de rage. Le premier Prussien que j'ai rencontré sur la route, j'ai sauté dessus comme une bête sauvage, et je lui ai coupé le cou avec ça...

A partir de ce moment, je n'ai plus eu que cette idée : faire la chasse aux Prussiens. J'ai tenu l'affût la nuit, le jour, m'attaquant aux traînards, aux maraudeurs, aux estafettes, aux sentinelles. Tous ceux que je tue, je les porte dans les carrières, ou je les jette à l'eau. C'est cela surtout qui est pénible. Différemment, doux comme des agneaux. On en fait autant dire ce qu'on veut... Pourtant, celui de ce soir était plus solide que les autres; et puis, c'est ce satané chien qui a donné l'éveil. Aussi maintenant, il va falloir se tenir tranquille un bout de temps; et avec votre permission, monsieur Robert, je passerai quelques jours chez vous...

Tout en parlant, il avait repris sa physionomie sinistre et la fixité singulière que ses terribles affûts ont donnée à son regard. Quel sinistre compagnon je vais avoir là...

20 novembre...

Nous venons de passer une semaine terrible. Pendant huit jours, des patrouilles prussiennes n'ont cessé de parcourir la forêt dans tous les sens. Elles longeaient les murs de l'Ermitage, entraient même dans le clos; mais la petite maison du garde, pillée et grande ouverte, les lierres, les ronces qui donnent à la mienne un aspect si délabré, nous ont sauvés. Mon compagnon et moi, nous sommes restés tout le temps enfermés, assourdissant nos pas dans la salle, nos voix près du foyer, et ne faisant plus de feu que la nuit.

Si l'on nous avait découverts cette fois, c'était la

mort. Aussi j'en voulais un peu à Goudeloup d'avoir fait de moi son complice, en venant se réfugier ici. Le paysan le comprenait, et, à plusieurs reprises, il m'a proposé de s'en aller chercher un abri ailleurs. Mais je n'ai jamais pu y consentir. Pour me remercier de mon hospitalité, il me rend une foule de petits services. Très-empressé, très-adroit à tous les détails de la vie pratique que j'ignore, il m'a appris à faire du pain mangeable, du vrai cidre, de la bougie. C'est plaisir de le voir s'activer tout le jour, restreignant à l'espace étroit de notre unique salle ses facultés de travail et d'ordre, qu'il élargissait autrefois à la gérance de sa vaste ferme et de ses cinquante arpents de terre. Morne et silencieux du reste, immobile le soir pendant des heures, la tête dans ses mains comme tous ces travailleurs acharnés en qui la vie physique surmenée endort la vie morale ; et je souris quelquefois en remarquant que, malgré les circonstances dramatiques où nous vivons, il a conservé l'habitude des repas prolongés et met le temps d'une halte entre chaque bouchée. Tel qu'il est, cet homme m'intéresse. C'est le paysan dans toute sa férocité native. Sa terre, son bien lui tiennent autrement au cœur que la patrie, la famille. Il me dit avec naïveté les choses les plus monstrueuses. S'il en veut aux Prussiens, c'est seulement parce qu'il ont brûlé sa ferme ; et les laideurs de l'invasion ne l'émeuvent que lorsqu'il songe à sa moisson perdue, à ses champs restés déserts là-bas, sans labour ni semence.

22 novembre...

Aujourd'hui nous avons eu ensemble une longue conversation. Nous étions sous le hangar, assis en travers d'une échelle ; et malgré la froideur de l'air imprégné de pluie qui nous arrivait de la forêt avec des parfums de bois humide et de sol détrempé, nous éprouvions à respirer le plaisir de deux marmottes sortant de leur terrier. Goudeloup fumait une pipe bizarre qu'il s'est faite d'une coquille de colimaçon, et il y mettait une exagération de bien-être et de contentement qui n'était pas sans malice. Malgré ma grande envie de fumer, j'ai déjà refusé plusieurs fois de me servir de son tabac, sachant bien comment il se le procure, et m'attendant toujours à y voir des petites floches du drap bleu dont sont faits les uniformes prussiens. Comme il me surprenait la narine ouverte, humant cette bonne odeur de fumée qui me tentait, il m'a dit avec ce sourire matois des paysans qui plisse les yeux en amincissant la lèvre un peu mauvaisement :

— Eh bien ! voyons, vous ne fumez donc point?...

MOI.

Non, merci. Je vous ai déjà dit que je ne voulais pas de votre tabac.

GOUDELOUP.

Parce que je suis allé le prendre dans leurs poches? Pourtant c'était mon droit. Ils m'ont assez volé pour que je les vole aussi ; et ce n'est pas quelques poignées de mauvais tabac qui me payeront tout mon blé, toute mon avoine...

MOI.

Avec cette différence que ces gens vous ont laissé la vie, tandis que vous...

GOUDELOUP.

Oui, c'est vrai, ils m'ont laissé la vie, mais ils m'ont brûlé ma ferme... ma pauvre ferme! C'était moi qui l'avais fait bâtir... Et mes troupeaux, et ma moisson; dix ares de récolte. Tout cela était assuré contre la grêle, l'incendie, le tonnerre; mais qui m'aurait dit que si près de Paris, avec tant d'impôts qu'on nous faisait payer pour avoir de bons soldats, il aurait fallu m'assurer contre les Prussiens ? A présent je n'ai plus rien. Est-ce que ce n'est pas pire que la mort, des catastrophes pareilles?... Ah! oui, ils m'ont laissé la vie, les misérables. Ils m'ont laissé la vie pour aller aux portes, tendre la main avec la femme et les enfants. Voyez-vous, quand je pense à ça, il me vient des colères rouges, des envies de sang, de...

MOI.

Comment! vous n'en avez donc pas assez tué?...

GOUDELOUP.

Non, pas encore assez... Je vais même vous avouer une chose, monsieur Robert. Vous êtes un bon garçon, vous m'avez bien accueilli, et ce n'est certes pas à dédaigner, du temps qu'il fait, une cheminée comme la vôtre. Eh bien! tout de même il y a des moments où je m'ennuie chez vous. J'ai envie de me sauver, de recommencer mes affûts au bord du chemin. C'est si amusant d'attendre un de ces gueux-là au passage, de le guetter, de le suivre, de se dire : « Pas maintenant... » et puis hop ! on saute dessus et on le couche... Encore un qui ne mangera pas de mon blé !

MOI.

Vous que j'ai connu si doux, si tranquille, comment pouvez-vous parler de tout cela sans la moindre émotion ?

GOUDELOUP.

Faut croire qu'il y avait au fond de moi une mauvaise bête que la guerre a fait sortir... Pourtant la première fois, je dois dire, ça m'a saisi. C'était ce soldat du train que j'ai rencontré le soir même de ma ruine. Je tapais de toutes mes forces sur l'uniforme, sans bien me rendre compte qu'il y avait un homme dessous ; puis, quand j'ai senti fléchir ce grand corps, ce sang, cette chaleur vivante, qui m'inondait, alors j'ai eu peur. Mais, tout de suite, j'ai pensé aux sacs de farine crevés, éventrés dans ma cour ; et je n'ai plus rien eu.

MOI.

Puisque vous leur en voulez tant, pourquoi n'essayez-vous pas de rentrer dans Paris ou de rejoindre les armées de province ? Vous pourriez vous battre à visage découvert, tuer des Prussiens, sans traîtrise, sur un champ de bataille.

GOUDELOUP.

Aller à la guerre, monsieur Robert?... Mais je ne suis pas un militaire. Mes parents ont même payé assez cher pour m'empêcher de l'être... Je suis un paysan, moi, un malheureux paysan qui se *revenge*, et qui n'a besoin de personne pour l'aider.

A mesure qu'il me parlait, je voyais revenir en lui l'être farouche que j'avais recueilli un soir. Les yeux fous se rapprochaient du nez. Ses lèvres se pinçaient. Ses doigts crispés cherchaient une arme...

28 novembre.

Il est parti. Je devais m'y attendre. Le misérable s'ennuyait de ne plus tuer. Avec la promesse de venir quelquefois la nuit gratter à ma porte, il s'est enfoncé dans l'ombre moins sinistre que lui-même. Eh bien! si brute qu'il fût, je le regrette. La solitude amène à la longue une torpeur, un endormement de tout l'être, qui a vraiment quelque chose de malsain. Il y a dans la parole une mise en train pour les idées. A force de parler à ce paysan de patrie, de dévouement, j'ai réveillé en moi tout ce que je m'acharnais à faire naître en lui. Je me sens tout autre maintenant. Et puis la guérison, la conscience de la force qui revient de jour en jour... Je voudrais agir, me battre...

30 novembre, 1er, 2 décembre.

Un froid épouvantable. Vers Paris, la canonnade résonne de toute la sécheresse du sol et de l'air. Je n'avais encore rien entendu de pareil. Ce doit être une vraie bataille. Par moments, il me semble qu'elle se rapproche, car je distingue les feux de peloton, les déchirements horribles des mitrailleuses. Tout autour d'ici, il y a une agitation générale, et comme des contre-coups de la bataille. Sur la route de Melun, c'est un mouvement continuel de troupes. Sur celle de Corbeil, des estafettes effarées filent au grand galop... Que se passe-t-il donc?... Malgré le froid, je vais, je rôde, cherchant les routes du bois où la canonnade m'arrive plus distincte...

Quelquefois je fais ce rêve : Paris sortant des remparts où il est prisonnier, les troupes françaises arrivant jusqu'ici, la forêt de Sénart pleine de pantalons rouges, et moi-même me mêlant à eux pour chasser les Prussiens, reconquérir la France... Dieu !...

5 décembre.

A la canonnade incessante de ces derniers jours a succédé un silence de mort. Que se passe-t-il? Je suis dans une anxiété horrible. Si Paris était sorti de ses murs et marchait maintenant par les routes, les Prussiens débandés, refoulés, encombreraient la campagne, changeraient leurs campements. Mais non. Depuis hier, je ne fais que parcourir dans tous les sens les quatre lieues de forêt qui m'entourent comme une muraille, et c'est en vain que j'interroge les chemins environnants, silencieux, mornes comme à l'ordinaire. De loin, à travers les branches, j'ai aperçu, en approchant de Montgeron, une compagnie de Bavarois faisant l'exercice au découvert d'une immense plaine. Alignés tristement sous le ciel bas et jaune, ils remuaient d'un air résigné la boue de cette terre morte, privée de semence... Évidemment, Paris n'a pas fait encore sa trouée; mais il ne s'est pas rendu non plus, car ces soldats avaient des mines bien piteuses pour des triomphateurs.

Sur leurs têtes, des tourbillons de corbeaux passaient s'en allant tous vers la grande ville, avec des cris, des repos aux plis de terrain. Jamais je n'en avais tant vu, même aux hivers paisibles où la France entière est semée de blé. Cette année, c'est une autre semence qui les attire.

6 décembre...

Dieu soit loué ! Paris est encore debout et bien vivant. J'ai eu de son existence une preuve charmante. J'étais ce matin au puits du cloître, quand j'ai entendu du côté de Draveil une fusillade assez vive. Presque aussitôt un bruit singulier, comme le claquement de toile d'une voile en pleine mer, l'effort d'un cordage qui crie en se tendant, a passé dans l'air au-dessus de moi. C'était un ballon, un beau ballon jaune, très-visible sur la teinte sombre des nuages. D'où j'étais, il me semblait flotter à la pointe des arbres, quoiqu'en réalité il fût beaucoup plus haut. Je ne puis dire combien la fragilité de ce ballon de soie, dont je voyais très-bien le filet d'enveloppe, m'a ému, enthousiasmé. Je songeais qu'en effet au-dessus de toute cette France vaincue planait encore l'âme de Paris, une force vive plus puissante que tous les canons Krupp rassemblés, et moi, Parisien, cela me rendait fier. J'avais envie de pleurer, de crier, d'appeler. J'ai levé les bras en l'air vers deux points noirs immobiles au bord de la nacelle, deux vies humaines ballottées par tous les courants du ciel, au-dessus des rivières où l'on se noie, des précipices où l'on se brise et des armées prussiennes que l'on doit voir de là-haut comme d'immenses grouillements de fourmilières au ras du sol... Une ligne noire très-légère s'est dessinée sous le ballon. J'ai entendu dans les branches un bruit de sable répandu, et la vision s'est perdue au fond des nuages.

9 décembre.

Qu'est-ce que je fais ici ? En vérité, je commence à être honteux de mon inaction... Aujourd'hui j'avais du pain à cuire, je n'en ai pas eu le courage. Tous ces détails auxquels je prenais plaisir, — comme les reclus, les solitaires, ces égoïstes déguisés, — à présent je les trouve méprisables. Me voilà tout à fait guéri, à peine quelques douleurs les jours de grand froid. Je n'ai plus le droit de rester à l'Ermitage. Ma place est là-bas sur le rempart, avec les autres... Mais comment faire pour les rejoindre? Il paraît que l'investissement est très-serré, que d'une sentinelle à l'autre il n'y a qu'une portée de fusil. Si au moins j'avais un compagnon, quelqu'un du pays qui connût bien les routes. Je pense à Goudeloup. Je n'aurais pas dû le laisser partir. Qui sait où il est maintenant? Peut-être pendu à quelque croix de carrefour, ou mort de froid au fond d'une carrière. Pourtant l'autre soir, du côté des Meillottes, j'ai entendu un cri, rien qu'un cri, mais horrible, long, désespéré comme un sanglot, et tout de suite j'ai pensé : « Goudeloup est là »... Eh! oui, cet homme est un assassin. Mais au moins il agit, il satisfait grossièrement un besoin de vengeance, de justice, qui est en lui. Moi, je mange, je me chauffe, je dors. De nous deux, quel est le plus méprisable ?

10 décembre...

Retourné à Champrosay par un froid terrible. Les maisons au long de la route, aveugles de toutes leurs fenêtres noires, avaient l'air de mendiantes tristes. J'ai revu le parc, le pavillon du bord de l'eau, et le portrait souriant qui l'habite. Le froid n'avait pas terni le visage reposé, ni les teintes douces de la robe d'été. Seulement le regard m'a semblé plus ferme, plus sévère, comme si j'y sentais un reproche. Dès le seuil, j'ai compris qu'on ne m'acceptait plus là. Discrètement j'ai refermé la porte, descendu les marches couvertes de mousse gelée..... Et toute la nuit, ce clair regard de Parisienne m'a poursuivi comme un remords.

11 décembre...

Ce matin, en allant relever les collets au fond du jardin, j'ai trouvé un pigeon. Cela m'a étonné. Les pigeons familiers ne restent pas sur les toits déserts, et jusqu'à présent, je n'avais pris que des tourterelles des bois. Celui-ci était bien un pigeon domestique, assez gros, les pattes et le bec roses, les ailes mêlées de roux et de blanc. Le collet ne l'avait pas blessé ; il était surtout engourdi par le froid. Je l'ai porté chez moi, devant le feu, et là, en le tenant des deux mains sans qu'il fît le moindre effort pour s'échapper, comme une bête privée, j'ai distingué sur une de ses ailes un chiffre imprimé : 523, et plus bas : *Société de l'Espérance.* Puis sous les plumes, j'ai trouvé un tuyau un peu plus fort que les autres, où tremblait une petite feuille de papier-pelure roulée très-fin. J'avais pris un pigeon messager. Venait-il de Paris ou de la province ? Portait-il la victoire ou la défaite, une bonne ou mauvaise nouvelle ?... Je l'ai regardé longtemps avec une tendresse religieuse. Libre dans la salle, il tournait tranquillement en becquetant entre les carreaux. Peu à peu ses plumes se sont gonflées à la chaleur, les forces lui sont revenues. Alors j'ai ouvert la fenêtre toute grande, et l'ai posé sur le rebord. Il y est resté un moment, scrutant le ciel, allongeant le cou, cherchant à retrouver sa direction. Enfin, il est monté droit en l'air, puis à une certaine hauteur, tout blanc dans le jour sombre, il a tourné brusquement vers Paris. Ah ! si je pouvais prendre le même chemin que lui....

15 décembre...

C'est décidé. Nous partons demain. Je dis « nous » parce que Goudeloup est venu me retrouver. Je l'ai vu arriver hier à la brune, plus hâve, plus effrayant que l'autre fois. Le malheureux en est à son *vingt et unième !...* Pourtant sa vengeance commence à avoir assez de sang. En outre il est traqué. Les affûts deviennent très-difficiles. Aussi je n'ai pas eu de peine pour le décider à tenter l'expédition de Paris avec moi. Nous partirons demain à la nuit, dans mon bateau qui est resté là-bas en Seine, amarré à sa bouée sous les saules de la rive. C'est une idée de Goudeloup. Il croit qu'avec une nuit très-noire nous pouvons gagner par eau le Port-aux-Anglais, et de là, en rampant sur le chemin de halage, atteindre la première barricade française. Nous verrons bien..... J'ai préparé mon revolver, des couvertures, deux ou trois pains, et une grosse gourde d'eau de noix très-forte qui nous tiendra lieu d'eau-de-vie.

Certes l'aventure est dangereuse ; mais depuis que je suis résolu à la tenter, je me sens plus tranquille.

5

Au lieu de me troubler, le canon de Paris m'électrise. Il me fait l'effet d'un appel ; et chaque fois qu'il gronde, j'ai envie de répondre : « On y va ! » Je pense que le portrait du pavillon me sourit dans son cadre d'or, et a repris sa calme physionomie d'image.... Un seul regret en quittant l'Ermitage, que deviendra mon pauvre Colaquet ? Je laisse l'écurie ouverte pour qu'il puisse chercher sa vie dans la forêt. J'entasse près de lui mes dernières bottes de paille, et en faisant ces préparatifs, j'évite de rencontrer ses yeux étonnés et bons qui ont l'air de me dire avec reproche : « Où vas-tu ? »

..... Et maintenant, sur ma table, ouvert à cette page inachevée, j'abandonne mon journal avec ces derniers mots qui le termineront sans doute : En route pour Paris ! . . . .

Écrit à tâtons, la nuit...

Je rentre..... Goudeloup est mort... Voyage manqué.

26 décembre...

Dix jours ! je ne suis resté absent que dix jours, et

il me semble qu'avec la multitude d'images, de silhouettes, d'impressions confuses et terribles que je rapporte de mon voyage si court, il y aurait de quoi remplir plusieurs existences. Maintenant que me voici revenu et qu'à l'étroit de mon Ermitage tous ces souvenirs me hantent et me tourmentent, je vais essayer de les écrire uniquement pour m'en débarrasser.

Partis la nuit du 16. Nuit très-froide, sans lumière au ciel, éclairée du sol blanc de givre. Les arbres cristallisés ressemblaient tous à de grandes aubépines fleuries avant la venue des feuilles. Nous traversons un Champrosay lugubre et silencieux comme le givre qui tombait et s'amassait sur ses toits froids, au lieu de fondre doucement au bord des gouttières, à la chaleur des feux allumés. Pas de Prussien sur l'horizon, et c'est un bonheur, car dans la grande plaine nue nos deux silhouettes étaient très-distinctes. Je trouve mon bateau dans une petite anse cachée entre les rives. C'est une norwégienne très-légère. Les rames garnies de linge, nous nous embarquons sans bruit, seuls sur la rivière, heurtés de temps en temps par des glaçons qui glissent à fleur d'eau comme des blocs de cristal. Bien des fois, les années précédentes, je m'étais embarqué par des nuits aussi sombres, aussi froides, pour aller poser ou visiter mes *verveux*. Mais quelle vie s'agitait alors sur la rivière autour de moi ! Une vie un peu mystérieuse, rêveuse, s'imprégnant de silence au sommeil environnant. Les longs trains de bois, avec leurs feux d'avant et d'arrière, des silhouettes debout près du gouvernail, descendaient lentement vers Paris, traversant toute cette ombre champêtre pour entrer au jour levant en plein Bercy, dans les quartiers bruyants et populeux. Sur la rive, des wagons passaient; l'express de nuit se déroulait aux sinuosités de la voie comme un serpent aux yeux de feu. Et l'on rêvait à toutes les raisons lugubres ou joyeuses qu'avaient ces gens de se déplacer ainsi... De loin en loin, au bord du fleuve qui mouillait presque leurs murs, des maisons d'éclusiers, des baraques de passeurs, des auberges pour la marine reflétaient dans l'eau vague la lueur de leurs vitres troublées.

Aujourd'hui, rien de tout cela. Nous avions devant nous comme une rivière nouvelle, noire et déserte, dérangée par tous ces ponts brisés qui changeaient les courants. Cependant je menais assez bien notre petite norwégienne, donnant à peine quelques coups d'aviron, juste assez pour tenir le milieu de l'eau et éviter les îles submergées, distinctes à des pointes de saules.

— Ça va bien... me disait tout bas Goudeloup.

A ce moment, le bruit d'une rame tombant dans un bateau nous arriva du bord, puis une forte voix méridionale cria à travers la nuit :

— Allons, passeur, dépêchons !...

— C'est le médecin de Draveil, murmura mon compagnon.

J'avais reconnu, moi aussi, cette voix de brave homme qu'on entend jour et nuit sur toutes les routes du pays, toujours encourageante et pressée. Comment se trouvait-il là ? Il était donc resté à Draveil ?... J'avais envie de lui crier : « Bonsoir, docteur ! » Mais une pensée me retint. Une heureuse pensée, ma foi ! car presque aussitôt nous croisions un lourd bachot traversant d'un bord à l'autre avec une lanterne à l'avant ; et j'aperçus, à côté du bon docteur R... et de son éternel chapeau de feutre mouillé à toutes les pluies de Seine-et-Oise, des casques luisants.

Nous étions, par bonheur, hors du rayon de leur lanterne qui rendait plus obscure l'ombre où notre bateau glissait, et nous passâmes inaperçus. Un autre danger, non moins grave, nous attendait un peu plus loin : le pont du chemin de fer dont on avait fait sauter trois arches et qui encombrait la rivière de ses gigantesques débris. Je ne sais vraiment pas comment nous pûmes, sans nous engloutir et nous briser, franchir à l'aveuglette ce sinistre barrage. A Port-Courcelles, mêmes transes. Les saules noueux, énormes, des deux îles, formaient dans la nuit autant d'écueils que nous eûmes la chance d'éviter.

Enfin voici Ablon et son écluse. D'ici, le canon de Paris, distinct, terrible, nous envoie à chaque minute l'éclair rougeâtre de son bruit de tonnerre... Nous devions nous y attendre : l'écluse est fermée. Heureusement notre barque est légère, et nous pourrons à nous deux, comme j'ai fait tant de fois, la hisser sur la berge et passer de l'autre côté du barrage. Nous abordons à ce petit escalier où l'aubergiste d'Ablon dépouille ses anguilles, les dimanches d'été, où les pêcheurs à la ligne s'installent, inondés de soleil de la pointe de leurs chapeaux canotiers à leurs pieds chaussés d'espadrilles. C'est étonnant comme le danger change l'aspect des choses!... Arrivé aux dernières marches de l'escalier, j'aperçois à dix pas de moi dans le noir une sentinelle se promenant de long en large sur le quai. Plus bas, la maison d'écluse, transformée en poste prussien, a toutes ses fenêtres allumées. Je veux vite redescendre, rembarquer, gagner l'autre rive; mais Goudeloup ne m'écoute pas. Ses yeux restent obstinément fixés sur cette ombre qui se découpe dans le brouillard et marche en sifflant au-dessus de nos têtes. J'essaye de l'entraîner. Il m'échappe, fait un bond... J'entends un bruit sourd, une plainte étouffée, des buffleteries secouées et la chute lourde d'un corps.

— Vingt-deux!... dit Goudeloup, glissant tout essoufflé le long du talus.

Mais le malheureux soldat qu'il vient de laisser étendu sur la berge, a trouvé avant de mourir la force de décharger son fusil. Ce coup de feu met les deux rives en émoi. Impossible d'aborder. Nous gagnons vite le milieu de l'eau, et nous remontons à force de rames. C'est comme un mauvais rêve. Le vent, le courant, tout est contre nous; et pendant que de l'écluse une barque se détache, éclairée d'un falot qui plonge, reparaît, nous guette, vient droit de notre côté, un autre bateau s'approche en sens inverse.

— A la drague... me dit Goudeloup dans l'oreille.

Près de nous, amarré à quinze ou vingt mètres du rivage, un bateau-dragueur dressait au-dessus de l'eau sa masse sombre, ses tambours et sa chaîne à godets pour tirer le sable. La Seine très-haute l'inondait à demi et brisait à son avant avec un grand bruit. Nous abordons; mais dans notre précipitation à nous réfugier sur cette épave, nous oublions de retenir notre norwégienne qui s'en va à la dérive avec les couvertures, les provisions qu'elle contenait. C'est ce qui nous sauva. Cinq minutes après, un « hurrah » formidable nous apprit que les Prussiens venaient de trouver notre barque. La voyant vide, ils durent nous croire noyés, engloutis; car au bout d'un moment, les falots regagnèrent le rivage, et toute la rivière rentra dans son silence et dans sa nuit...

C'était une vraie ruine, cette drague où nous nous trouvions. Singulier abri craquant et criant de partout, et que la rivière battait avec rage. Sur le pont couvert de débris de bois, d'éclats de fonte, le froid était insoutenable. Nous dûmes nous réfugier dans la chambre de la machine à vapeur où l'eau, par bonheur, n'arrivait pas encore. Il s'en fallait de bien peu, car à plusieurs endroits les parois de la chambre étaient crevées presque à hauteur des vagues, et nous nous trouvions éclairés par le reflet plombé de la nuit sur l'eau. Quelles heures sinistres nous avons passées là! La faim, la peur, un froid terrible où nos membres étaient pris d'un engourdissement de sommeil contre lequel il fallait lutter... Tout autour l'eau bouillonnait, le bois gémissait; la chaîne à godets grinçait dans sa rouille, et là-haut, au-dessus de nos têtes, quelque chose comme la toile d'un drapeau trempé claquait au vent. Nous attendions le jour avec impatience, ne sachant pas au juste quelle distance nous séparait de la terre, ni comment nous nous y prendrions pour l'atteindre. Dans le demi-sommeil, avec cette préoccupation de sauvetage, les secousses de la drague, le bruit d'eau qui nous entourait, j'avais par moments l'impression d'un lointain voyage et d'une nuit de tempête en pleine mer...

Quand, par les trous de la chambre noircis et déchirés comme après un bombardement, nous vîmes la rivière pâlir sous la lumière terne d'un petit jour d'hiver, nous essayâmes de nous orienter. Les coteaux de Juvisy, sortant du brouillard que les arbres hauts perçaient de leurs sommets morts, dominaient la rive la plus éloignée. De l'autre côté, à vingt-cinq ou trente mètres de la drague, les plaines rases et nues qui mènent à Draveil, s'étendaient sans un soldat. Evidemment, c'était par là qu'il fallait fuir. La perspective d'un bain froid en plein décembre dans cette eau profonde, écumeuse, sillonnée de courants, était assez effrayante. Heureusement la chaîne en fer, qui attachait le bateau-dragueur au rivage, tenait encore à son anneau, et nous avions la ressource de nous y cramponner et de nous faire guider par elle. Pendant que nous délibérions, un coup de canon, assez rapproché, partit des hauteurs de Juvisy. Le sifflement d'un obus, sa chute dans l'eau, près de nous, suivirent presque aussitôt. Quelques secondes après, avant que notre étonnement fût diminué, un second obus tomba près de la drague. Alors je compris pourquoi ce drapeau, ces débris de bois, ces éclats de fonte, et cette odeur de poudre brûlée que nous avions remarquée dans la cabine. Le dragueur abandonné servait de cible aux Prussiens pour l'exercice du canon. Il fallait partir bien vite. Le froid de l'eau, son danger n'étaient plus rien. En avant ! Je prends la chaîne à deux mains et je m'affale à la rivière, Goudeloup derrière moi. Les doigts brûlés au frottement du fer, nous avancions lentement, paralysés par le courant, l'eau glaciale. Un nouveau coup de canon vint doubler nos forces. Gare ! voilà l'obus. Cette fois il tombe en plein sur l'avant blindé de la drague, éclate, et nous couvre de débris. J'entends un grand soupir derrière moi... Non ! jamais je n'oublierai le mouvement suprême de cette chaîne que j'ai sentie s'agiter, se débattre une seconde, puis remonter sur l'eau vivement, lâchée, abandonnée, légère entre mes mains...

Je me retourne, personne. Rien qu'un paquet de sang que la rivière emportait. Le malheureux avait dû être frappé à la tête, tué sur le coup... Un grand découragement me prit. Ce compagnon massacré près de moi, mon impuissance à le secourir... Pour rien, j'aurais lâché la chaîne, moi aussi. L'instinct de la vie l'emporta, et quelques minutes après j'abordais le rivage : mais je ne pus aller bien loin. Au bout de dix pas, succombant à l'émotion, à la fatigue, et à ce froid terrible qui me pénétrait par tous mes vêtements mouillés, je me laissai tomber au bord de la route, dans l'herbe sèche d'un fossé. Le trot bien connu d'un cheval, le roulement d'un vieux cabriolet, et la bonne voix du docteur R... me tirèrent de ma torpeur.

— Comment! c'est vous... Qu'est-ce que vous faites là?

En un clin d'œil il m'eut enveloppé dans son manteau, enfoui dans la paille sous le tablier de la voiture, et nous voilà roulant vers Draveil, où le brave homme avait transformé sa maison en ambulance. Du cabriolet, je passai dans la remise. Là des vêtements secs, quelques grogs brûlants m'eurent vite réchauffé. J'y restai jusqu'au soir sans oser remuer, comprenant bien, quoique le docteur ne m'eût rien dit, le grand risque qu'il courait à m'avoir recueilli. La maison était pleine de soldats, d'infirmiers. Des bottes sonnaient sur le pavé de la petite cour. Puis tout autour, de gros rires, des heurts de sabres, ce rude parler allemand, accentué encore d'insolence. J'entendais cela les yeux fermés, engourdi de bien-être, avec un vague souvenir du danger passé, la sensation froide de la rivière, et le soupir du pauvre Goudeloup resté navrant à mes oreilles.

A la nuit, le docteur vint me délivrer, et me conduisit dans la chambre de ses petits-enfants qu'il avait fait partir à l'approche des Prussiens. C'est là que je rouvris les yeux le lendemain matin. Après les horribles scènes de la veille, ces trois lits berceaux, entourés de rideaux blancs, les jouets d'enfant traînant pêle-mêle dans la chambre avec des livres de classe, jusqu'au vague parfum de pharmacie s'exhalant d'un placard où le docteur enfermait des drogues, tout était bien fait pour me calmer, détendre mes nerfs surexcités. Un coq chantait dans une cour voisine ; un âne se mit à braire. Le village commençait à s'éveiller. Tout à coup une sonnerie, détonnant au milieu de ces bruits tranquilles, me rappela la triste réalité. C'étaient des allées et venues, des portes secouées... Je m'approchai de la fenêtre. La maison du docteur regarde la rue par-dessus les plates-bandes du jardin étroit qui la précède. Elle est connue de tout le monde dans le pays, et la sonnette, à bouton de cuivre, qui se détache sur le mur blanc repeint à neuf, les meubles du petit salon, entrevus au rez-de-chaussée, lui donnent un aspect à part de bourgeoisie modeste. Caché derrière les persiennes fermées, je voyais la rue noire de bérets alignés, s'appelant, se numérotant, prêts à partir. Parmi ces bérets, quelques casques bavarois apparaissaient. C'étaient des maréchaux de logis courant de maison en maison, inscrivant des numéros à la craie sur les portes, préparant les logements des troupes qui allaient arriver. Bientôt le régiment qui partait s'ébranla au son des tambours, pendant qu'à l'entrée du pays, du côté opposé, les clairons bavarois s'approchaient à grand bruit. Depuis trois mois, il en était ainsi dans ce malheureux village. La paille des campements n'avait pas le temps de froidir entre le départ d'un régiment et l'arrivée d'un autre...

Le docteur, qui venait d'entrer, me fit quitter la fenêtre :

— Prenez garde, monsieur Helmont; ne vous montrez pas. Il y a à la *commandatur* un état dressé des quelques habitants restés dans le pays, et on nous surveille tous. Passé huit heures du soir, personne, excepté moi, n'a plus le droit de sortir... On a tant assassiné de Prussiens aux environs. Draveil en porte la peine. Nous sommes réquisitionnés trois fois plus que les autres. Au moindre mot, on emprisonne, à la moindre révolte on fusille. Nos malheureux paysans sont terrifiés. Ils s'espionnent, se dénoncent les uns les autres; et si l'un d'eux s'apercevait que je cache quelqu'un chez moi, il serait capable, — pour s'épargner une réquisition, — d'aller prévenir la *commandatur*. Ce qui nous attendrait tous les deux, je m'en doute...

Il se méfiait tellement de mes imprudences, ce pauvre docteur, que tout le temps de mon séjour chez lui, il garda la clef de ma chambre dans sa poche. Les persiennes et les fenêtres fermées me donnaient un jour de cachot, juste ce qu'il fallait pour lire. J'avais des ouvrages de médecine, quelques traductions déparcillées de la grande collection Panckouke, et de temps en temps un numéro du journal français que les Prussiens publient à Versailles. Cela aussi c'était du français de traduction; et quelle lecture irritante que ces forfanteries tudesques, nos défaites vraies ou fausses, racontées en ricanant, avec de grosses plaisanteries gauches et lourdes.

Quand j'avais assez de lire, par la fente des persiennes je regardais la rue. Une vraie rue de bourg. Les maisons alignées devant le pavé du trottoir, précédées de petits jardins, et montrant — dans l'espace qui les sépare entre elles — des treillis de branches, le tronc d'un gros orme, des horizons de plaine et de vigne qu'elles cachent à peine de leurs toitures basses. Puis des hangars, des écuries, une fontaine jaillissant d'un vieux mur, un grand portail de ferme, à côté de la maison du notaire, blanche, proprette, ornée de panonceaux. Sur tout cela la souillure de l'occupation. Des tricots de laine séchant sur les grilles, sur les persiennes. De grosses pipes à toutes les fenêtres. Et des bottes, des bottes. Jamais je n'avais tant entendu de bottes... En face de mes croisées, se trouvait la *commandatur*. Tous les jours on amenait là des paysans poussés à coups de crosses de fusil, de fourreaux de sabre. Les femmes, les enfants venaient derrière en pleurant; et pendant qu'on entraînait l'homme à l'intérieur, eux restaient sur la porte à expliquer leur affaire aux soldats qui écoutaient, dédaigneux, les dents serrées, ou riant d'un gros rire bête. Nul espoir de pitié ou de justice. Tout au bon plaisir du vainqueur. Ils le savaient si bien, ces malheureux villageois! qu'à peine osaient-ils sortir, se montrer, et quand ils se hasardaient dans la rue, c'était navrant de les voir s'en aller le long des murailles, l'œil de côté, l'échine basse, obséquieux et vils comme des juifs d'Orient!

Quelque chose de bien navrant aussi, c'étaient ces voitures d'ambulance arrêtées devant notre porte, dans le vent, le froid, la pluie, la neige; ces gémissements de blessés, de malades descendant de voiture, abandonnés aux bras qui les portaient. Le soir venu, pour clôturer ces jours d'affreuse mélancolie, la retraite prussienne sonnait sous les ormes défeuillés, avec ses mesures lentes, espacées et ses trois dernières notes jetées comme des cris d'engoulevent à la nuit qui s'approchait. A ce moment, le docteur entrait dans ma chambre, crotté, éreinté. Il m'apportait à manger lui-même, et avec sa bonhomie habituelle, me racontait ses courses, ses visites, ce qu'il entendait dire de Paris, de la province, les malades qu'on lui amenait, ses disputes avec le major prussien qu'on lui avait adjoint pour diriger l'ambulance, et dont le pédantisme berlinois l'exaspérait. Nous parlions bas, tristement. Ensuite le brave homme me disait bonsoir. Resté seul, j'ouvrais ma fenêtre doucement et j'aspirais l'air une minute. Malgré le grand froid, cela me semblait bon. Dans le sommeil, le pays redevenait lui-même, reprenait son aspect des temps heureux. Mais bientôt le pas d'une patrouille, la plainte d'un malade, le bruit du canon tonnant à l'horizon, me ramenaient vite à la vérité, et je rentrais dans ma prison, plein de rancune et de colère. Au bout de quelque temps, ce régime cellulaire au milieu de l'occupation me devint insupportable. Ayant perdu tout espoir de pouvoir entrer dans Paris, je regrettais mon Ermitage. Là au moins, j'avais la solitude, la nature. Je n'étais pas tenté comme ici, de me mêler aux injustices, aux brutalités, aux vexations perpétuelles de la rue, au risque de compromettre mon hôte. Je résolus de partir.

A ma grande surprise, le docteur n'essaya pas même de me détourner de mon projet.

— Vous avez raison, me dit-il tranquillement. Vous serez plus en sûreté là-bas.

Depuis, en y songeant, j'ai toujours pensé que quelque voisin avait dû m'apercevoir derrière mes persiennes, et que mon hôte, sans vouloir en convenir, craignait une dénonciation. Nous décidâmes donc que je quitterais Draveil le lendemain, de la même façon que j'y étais entré. La nuit venue, je descendis dans l'écurie. Je me blottis dans la paille du cabriolet, le manteau du docteur par-dessus, et en route! Le trajet se fit sans encombre. Tous les cent ou deux cents mètres, une guérite bâtie aux frais de la commune se dressait sur le bord du chemin.

— *Wer da?* nous criait la sentinelle en armant son fusil.

Le docteur répondait :

— *Lazareth!*

Et le petit cabriolet continuait son roulement fêlé à travers les pierres. A la lisière de la forêt, il s'arrêta. La route était déserte. Je sautai à terre vivement.

— Prenez ceci, me dit l'excellent homme, en me tendant un panier rempli de vivres et de bouteilles... Enfermez-vous et ne bougez plus.... j'irai vous voir bientôt.

Là-dessus il fouetta sa bête, et je me lançai dans le fourré. Un quart d'heure après, j'étais rentré à l'Ermitage.

3 janvier.

... Il tombe, depuis quelques jours, une neige fine

en tourbillons serrés. La forêt en est couverte. Autour de moi, le silence est tel, que j'entends le bruissement léger des flocons qui s'entassent. Impossible de sortir. Je regarde tomber du ciel jaune cette neige qui blanchit tout. Des oiseaux affamés viennent jusqu'à mon seuil. Des chevreuils se sont réfugiés dans l'écurie, à la place de mon pauvre Colaquet dont je n'ai plus de nouvelles...

10 janvier.

... Visite du docteur. Les nouvelles sont mauvaises. Paris toujours enfermé, la province en désastre. Et les vainqueurs, fatigués d'une victoire si lente, multiplient les humiliations, les brutalités... A Draveil, la nuit de Noël, cinq ou six Bavarois attardés à boire dans un cabaret avec le vieux Rabot, l'ancien garde champêtre, lui ont cassé la tête d'un coup de revolver. Le frère du malheureux, qui habitait en face, accourt au coup de feu et tombe à son tour, frappé à mort. Un autre homme de la même famille est blessé grièvement. Autant il en serait venu, autant ils en auraient massacré, les misérables! L'affaire ayant fait grand bruit, un semblant d'instruction a été commencé; et le tout s'est terminé par une indemnité de *quarante mille francs* que la commune de Draveil est condamnée à payer aux Bavarois...

15 janvier.

... Ce matin, l'état-major du prince de Saxe a fait une grande battue de gibier dans la forêt. En entendant la fusillade si près de moi, j'ai eu une émotion terrible. Je croyais à l'arrivée de quelque avant-garde française; mais des fenêtres de l'atelier qui dominent tout le bois, j'ai aperçu entre les branches défeuillées des nuées de rabatteurs en béret saxon courant et criant dans les fourrés, pendant que des chasseurs dorés et empanachés s'embusquaient à chaque tournant d'allée. Au rond-point du *Gros-Chêne*, un immense feu de bivouac flambait devant une tente. C'est là que les chasseurs sont venus déjeuner au son des fanfares. J'entendais le bruit des verres, des bouteilles débouchées, les hurrahs des buveurs. Ensuite le massacre des chevreuils et des faisans a recommencé. Ah! si le père Guillard avait été là, lui qui savait si bien le compte de son gibier, surveillait les couvées, les terriers, connaissait l'allée favorite de ses chevreuils. Comme il aurait souffert de voir tout ce saccage ! Les ailes tournoyaient en l'air, ne sachant plus où voler pour éviter les coups de fusil. Les lièvres, les lapins éperdus partaient entre les jambes des chasseurs ; et, au milieu de la déroute, un chevreuil blessé est venu se réfugier dans la cour de l'Ermitage. Les yeux des bêtes chassées ont une expression d'étonnement et de tendresse qui est vraiment navrante. Celle-là me faisait pitié, serrée à la margelle du puits, flairant le vent, marquant le sol de ses pattes sanglantes. J'en ai eu un redoublement d'indignation contre ce peuple pillard qui se précipite avec des voracités de sauterelles sur la France vaincue, ses vignes, ses maisons, ses blés, ses grands arbres, et le pays une fois rasé, extermine jusqu'au gibier pour n'y rien laisser de vivant.

Je n'oublierai jamais cette chasse à côté de la guerre, sous ce ciel bas et sombre, dans ce paysage de frimas où l'éclair d'or des casques et des cors passant entre les branches, les galops, les hallalis faisaient penser au Chasseur noir des ballades allemandes. Au jour tombant, des files de charrettes sont venues relever au bord des routes tout ce gibier pitoyable et gémissant. C'était sinistre comme un soir de bataille.

19 janvier.

... On s'est battu toute la journée sous Paris. Seulement le fracas des mitrailleuses ne m'arrivait pas aussi distinct que le 2 décembre. J'ai trouvé qu'il y avait dans le bruit de cette bataille lointaine je ne sais quelle impression de lassitude et de découragement.

30 janvier.

... C'est fini. Paris se rend. L'armistice est signé.

DERNIERS FEUILLETS

J'arrête ici ce journal où j'ai essayé de faire tenir les impressions de mes cinq mois de solitude. Aujourd'hui, je suis retourné à Draveil dans la voiture du docteur, mais sans me cacher cette fois. Les routes étaient pleines de paysans qui reviennent chez eux. Plusieurs se sont déjà remis à la terre. Tous les visages sont tristes ; mais on n'entend aucune plainte. Fatalisme ou résignation ?

Dans le village, encore occupé, les Prussiens promènent leur triomphe, insolents de tranquillité. Ils m'ont cependant paru moins féroces avec les habitants. J'en ai vu qui s'en allaient en tenant des enfants du pays par la main. Il y avait là comme un commencement de retour à leurs foyers délaissés, à leurs vies sédentaires troublées par cette longue guerre... Le soir, en rentrant, j'ai aperçu sur le seuil de la maison du garde, la mère Guillard en grand deuil, presque méconnaissable. Pauvre femme ! son mari mort, son foyer en ruines. C'est le malheur complet. Je l'entendais pleurer en essayant de mettre en ordre les débris du ménage.

Maintenant tout se tait dans l'Ermitage. La nuit est claire, l'air très-doux. Certainement le printemps est déjà sous cette neige qui commence à fondre. La forêt ne va pas tarder à bourgeonner, et je m'attends à voir bientôt des pointes d'herbes soulever les feuilles mortes. Là-bas, des grandes plaines tranquilles monte une buée pareille à la fumée d'un village habité; et si quelque chose peut consoler de la guerre, c'est ce repos de la nature et des hommes, ce calme universel d'un pays meurtri qui répare ses forces dans le sommeil, oubliant la récolte perdue, pour préparer les moissons à venir!...

ÉTUDES ET PAYSAGES

MARI-ANTO

— ÉTUDE DE FEMME CORSE —

..... Je veux bien vous la raconter, nous dit le baron Burdet en riant; seulement je vous préviens que la chose est un peu leste, et que devant ces dames... Enfin, j'essaierai toujours. Si j'allais trop loin, arrêtez-moi....

Me voilà donc, comme je vous disais, conseiller de préfecture à Ajaccio. J'arrivai à mon poste, un peu troublé. C'étaient mes débuts dans l'administration; puis la traversée, quinze heures d'une mer très-dure, l'aspect renfrogné de cette île d'Ithaque avec ses roches rouges et ses tourbillons de goëlands, brochant sur le tout deux ou trois histoires de bandits, de vendettas qu'on m'avait contées à bord, bref, j'étais tout mal en train en débarquant. Ce que j'entendis à la préfecture acheva de me déconcerter. Quoique seul avec moi dans son cabinet, le préfet me parla tout le temps à voix basse, d'un air inquiet : « Surtout soyez prudent, jeune homme. Vous tombez pour vos débuts sur un pays terriblement dangereux. Les gens y sont susceptibles, méfiants, vindicatifs... Si les coups de stylet et d'escopette sont un peu plus rares que dans les temps, en revanche les délations, les lettres anonymes foisonnent. Ne vous faites d'affaire avec qui que ce soit. Ici, il n'y a pas de petites affaires ; tout a son importance... Vous avez des démêlés avec un pêcheur de sardines, bon ! c'est un cousin de M. Bacciocchi, et vous voilà tout l'empire à dos. (Ceci, bien entendu, se passait sous l'empire). Tenez ! vous voyez ce vieux jardinier qui est en train d'arroser mes yuccas en fumant sa grosse pipe de terre rouge, eh bien ! c'est le père nourricier du ministre de l'intérieur. Vous pensez si je le ménage... Ainsi, mon cher conseiller, vous voilà prévenu. Regardez bien où vous poserez vos pas. » Je sortis de la préfecture encore plus gelé qu'en y entrant. Pourtant, une fois dehors, le pittoresque de la rue, les citronniers en fleurs, le soleil, la mer, ce grand ciel couleur de turquoise, et toutes ces jolies cigarières qui travaillaient devant leurs portes en riant au nez des promeneurs, dissipèrent vite cette fâcheuse impression.

Mon installation fut assez difficile. Je voulais absolument avoir des fenêtres sur la mer; et à Ajaccio, par je ne sais quelle bizarrerie, presque toutes les maisons lui tournent le dos. Je finis pourtant par découvrir, tout au bout de la ville, chez une veuve Perrini, deux grandes chambres meublées qui avaient la vue du golfe et son merveilleux horizon de roches, d'eau et de verdure. Paysage à part, l'endroit manquait d'agrément. On suivait, pour arriver chez moi, un quai mélancolique et nu, sans parapets, sans réverbères, avec un grand diable d'abreuvoir où les charretiers menaient boire leurs bêtes. Le soir, quand je revenais du cercle, il fallait chercher ma maison en tâtonnant à travers des jurons, des coups de triques, des ruades de mules mouillées. Et quelle maison ! une vaste baraque peinte en vert à l'italienne, haute, froide, du carreau partout, le silence et la sonorité d'un vieux couvent, et, pour achever d'assombrir le tableau, l'éternelle dame Perrini qu'on rencontrait toujours par l'escalier rasant les murs comme une ombre dans son long voile de veuve Corse... heureusement que j'avais ma voisine Mari-Anto.

Cette Mari-Anto, Maria-Antonia de son vrai nom, était la femme d'un muletier de l'Ile-Rousse presque toujours en voyage. Elle habitait sur le même palier que moi. Jolie? pas précisément; mais jeune, svelte, marchant bien, des yeux verts qui regardaient d'un air malin, la bouche comme une grenade, et par-ci par-là, malgré le madras qui lui masquait à la mauresque le haut et le bas de la figure, quelques taches de rousseur comme le soleil en met aux peaux trop blanches. Sa cruche en grès sur la tête ou bien une grande corbeille à pains, elle courait, elle riait, le buste en avant, la jupe plaquée aux hanches, et de toutes les portes on l'appelait : « O Mari-Anto ! ô Mari-Anto !... » Mari-Anto et moi nous étions très-bons amis. Vous trouverez peut-être que je ne tenais pas mon rang; mais, vous savez, le voisinage... Et puis les relations sont si difficiles là-bas pour un jeune homme. Mon préfet m'avait prévenu. Il y a en Corse beaucoup de demoiselles à marier, toutes très-jolies, très-jolies, mais sans fortune. Et dame! quand il arrive un Français, ce que le peuple appelle un *pinsuto* (un pointu) et la bourgeoisie un *continental*, toute l'île est sur pieds. Les yeux noirs s'allument, les invitations pleuvent. Dans les grands salons tout gelés, on époussète les vieux lustres, on enlève les housses des fauteuils, des clavecins, et un beau jour le *pinsuto* se trouve avoir épousé la huitième demoiselle d'un employé de la mairie à douze cents francs. C'étaient ces considérations qui m'empêchaient d'aller dans le monde. D'ailleurs, j'avais pris les fièvres presque à mon arrivée, et je sortais peu de chez moi.

Un jour que j'étais au coin de mon feu à grelotter, je vis entrer ma voisine, qui m'apportait un verre de limonade. Elle le posa en souriant sur ma cheminée, et me dit dans son meilleur français : « Tisano... c'est bon pour l'*echtoumaquo*... » C'était la première fois que nous nous parlions. J'aurais voulu la retenir ; mais la grosse voix du mari vint nous interrompre : « O Mari-Anto!... » et Mari-Anto se sauva avec un joli coup de jupe.

Je ne sais pas ce qu'elle avait mis dans sa limonade, le fait est que ma fièvre se trouva coupée, seulement il m'en vint une autre. Quelquefois je riais tout seul en pensant à ma voisine. Au milieu des travaux les plus graves, en plein conseil de préfecture, je croyais sentir dans mes cheveux, dans mes favoris, le coup de vent de sa jupe. Chez moi, je ne vivais plus. Je passais mon temps à la fenêtre, sur l'escalier. Je lui faisais positivement la cour, à cette Mari-Anto; mais elle ne s'apercevait de rien. Il faut dire aussi que j'y allais avec prudence, car je me méfiais du mari, un grand gars que j'avais entrevu, large et haut deux fois comme moi; sans compter cinq ou six colosses de beaux-frères qui venaient dîner le dimanche, rasés, le nez romain, des cous de jeunes buffles, et tout frisés en astrakan noir. Des hommes terribles. L'escalier tremblait quand ils montaient.

Une fois pourtant qu'ils étaient tous en voyage, je me décidai à entrer chez Mari-Anto. Elle ne parut pas surprise de me voir. Je m'assis à côté d'elle et lui demandai où était son mari. Par la fenêtre ouverte, elle me montra la montagne sur l'autre rive du golfe, en envoyant un baiser de ce côté-là. Ce n'était pas encourageant, mais je me lançai tout de même, et d'une voix pleine d'émotion : « Oh! que mi piace Mari-

Anto!... » Subitement elle dégagea sa petite main sèche et brune que j'avais déjà prise, courut à un coffre qui se trouvait là, l'ouvrit, et revint vers moi avec un grand couteau triangulaire. *Cotello del marito!...* Je lui fis répéter deux fois. C'était bien le couteau de son mari. Il paraît que ce muletier était très-jaloux et que quand on faisait la cour à sa femme... Et l'œil terrible, relevant de bas en haut la large lame qui luisait, mon ange fit le geste de me découdre. J'eus l'air de prendre la chose en riant; mais au fond j'étais très-impressionné, et ce jour-là nous n'en dîmes pas davantage. De quelque temps on ne voisina plus. « Bonjour! bonsoir! » sur le palier, et voilà tout.

Une nuit de mardi-gras, je revenais chez moi de bonne heure, n'ayant trouvé personne au cercle. Toute la ville était en carnaval. On rencontrait par les rues des bandes de masques qui allaient d'une maison à l'autre, pour intriguer. Cette nuit-là, en effet, les salons d'Ajaccio restent ouverts jusqu'au matin, et entre qui veut. Le long du quai, au bord de l'eau, les gamins se poursuivaient avec je ne sais quel chant de grenouille, mystérieux et mélancolique : « O Ragani..

O cho dotto... » (O Ragani!... ô monsieur le docteur!)

Je me sentais en pays perdu, bien loin, bien seul. Tout à coup, en relevant la tête, j'aperçois de la lumière à la fenêtre de ma chambre. Je monte vite, et qu'est-ce que je vois? Installé dans mon meilleur fauteuil, un petit conseiller de préfecture en frac et en chapeau à claque. C'était Mari-Anto qui, en mon absence, avait mis mes armoires au pillage, et venait faire toute seule son petit carnaval chez moi. D'abord je crus devoir prendre un air digne. Pensez donc! si mon préfet avait vu ça!... Mais que diable voulez-vous? Elle était si charmante en conseiller, cette petite muletière. Tout craquait, la culotte brodée et le gilet blanc. Sans rien dire, elle me prit la main, et m'emmena dans sa chambre... Oh! rassurez-vous, mesdames, vous pouvez écouter jusqu'au bout... A peine entrés, l'étrange créature me fit signe de l'attendre, et passant vivement dans son alcôve, elle en sortit une minute après avec une grande poupée faite d'un oreiller, de son fichu et de sa robe.

« Ça, c'est Mari-Anto, me dit-elle en riant; moi je suis le *pinsuto*. Tout à l'heure, quand mon mari va rentrer, il trouvera le *pinsuto* avec Mari-Anto, et nous verrons ce qu'il dira... » Là-dessus elle s'assit, sa grande poupée entre ses bras, et se mit à la presser, à l'embrasser comiquement, en imitant mon accent, mes intonations : « Oh ! que mi piace Mari-Anto ! » Et elle riait, elle riait. Moi je ne riais pas, je l'avoue. Je trouvais que comme farce de carnaval on aurait pu inventer autre chose, mais je n'eus pas le temps de m'expliquer. En bas la porte venait de s'ouvrir. Des pas lourds ébranlaient la rampe. — « Mon mari !... Sauvez-vous, » me dit Mari-Anto en soufflant sa bougie ; et dans la chambre sans lumière, il ne resta plus qu'un petit conseiller de préfecture assis, sous un rayon de lune, avec Mari-Anto sur ses genoux.

Rentré chez moi, je collai l'oreille à la cloison, et j'écoutai. Le cœur me battait, ma parole ! comme si j'avais été dans mon habit brodé !... Malgré l'obscurité de la pièce, le grand muletier en entrant dut distinguer quelque chose, surprendre un rire étouffé, car il s'arrêta net et murmura : « Che cos'é?... Qu'est-ce qu'il y a? » J'entendis le frottement d'une allumette contre la muraille, puis un cri rauque, un juron, des pas rapides dans la chambre, et le bruit d'un coffre qu'on ouvrait.

Ah! mes amis. *Il cotello del marito!...* Il me sembla que je le voyais à travers le mur, avec sa large lame en triangle... Brrr... Presque aussitôt un immense éclat de rire retentit, un rire clair, argentin, auquel se joignit bientôt un rire de basse profonde, un bon gros rire d'homme heureux, soulagé. Puis des exclamations, et des baisers, des baisers sans fin... Non! jamais habit de conseiller ne s'était trouvé à pareille fête; et vous pensez quelle triste figure je devais faire derrière ma cloison, pendant que...

— Baron, vous allez trop loin... interrompit une de ces dames...

LES ÉTOILES

— RÉCIT D'UN BERGER PROVENÇAL —

..... Du temps que je gardais les bêtes sur le Luberon, je restais des semaines entières sans voir âme qui vive, seul dans le pâturage avec mon chien Labri et mes ouailles. De temps en temps l'ermite du Mont-de-l'Ure passait par là pour chercher des simples, ou bien j'apercevais la face noire de quelque charbonnier du Piémont; mais c'étaient des gens naïfs, silencieux à force de solitude, ayant perdu le goût de parler et et ne sachant rien de ce qui se disait en bas dans les villages et les villes. Aussi, tous les quinze jours, lorsque j'entendais, sur le chemin qui monte, les sonnailles du mulet de notre ferme m'apportant les provisions de quinzaine, et que je voyais apparaître peu à peu au-dessus de la côte, la tête éveillée du petit *miarro* (garçon de ferme), ou la coiffe rousse de la vieille tante Norade, j'étais vraiment bien heureux. Je me faisais raconter les nouvelles du pays d'en bas, les baptêmes, les mariages; mais ce qui m'intéressait surtout, c'était de savoir ce que devenait la fille de mes maîtres, notre demoiselle Stéphanette, la plus jolie qu'il y eût à dix lieues à la ronde. Sans avoir l'air d'y prendre trop d'intérêt, je m'informais si elle allait beaucoup aux fêtes, aux veillées, s'il lui venait toujours de nouveaux galants; et à ceux qui me demanderont ce que ces choses-là pouvaient me faire, à moi pauvre berger de la montagne, je répondrai que j'avais vingt ans et que cette Stéphanette était ce que j'avais vu de plus beau dans ma vie.

Or, un dimanche que j'attendais les vivres de quinzaine, il se trouva qu'ils n'arrivèrent que très-tard. Le matin je me disais: « C'est la faute de la grand'messe »; puis, vers midi, il vint un gros orage, et je pensai que la mule n'avait pas pu se mettre en route à cause du mauvais état des chemins. Enfin, sur les trois heures, le ciel étant lavé, la montagne luisante d'eau et de soleil, j'entendis parmi l'égouttement des feuilles et le débordement des ruisseaux gonflés les sonnailles de la mule, aussi gaies, aussi alertes qu'un grand carillon de cloches un jour de Pâques. Mais ce n'était pas le petit *miarro*, ni la vieille Norade qui la conduisait. C'était... devinez qui?... notre demoiselle, mes enfants! notre demoiselle en personne, assise droite entre les sacs d'osier, toute rose de l'air des montagnes et du rafraîchissement de l'orage.

Le petit était malade; tante Norade en vacances chez ses enfants. La belle Stéphanette m'apprit tout ça, en descendant de sa mule, et aussi qu'elle arrivait tard parce qu'elle s'était perdue en route; mais à la voir si bien endimanchée, avec son ruban à fleurs, sa jupe brillante et ses dentelles, elle avait plutôt l'air de s'être attardée à quelque danse que d'avoir cherché son chemin dans les buissons. O la mignonne créature! Mes yeux ne pouvaient pas se lasser de la regarder. Il est vrai que je ne l'avais jamais vue de si près. Quelquefois l'hiver, quand les troupeaux étaient descendus dans la plaine et que je rentrais le soir à la ferme pour souper, elle traversait la salle vivement, sans guère parler aux serviteurs, toujours parée et un peu fière... Et maintenant je l'avais là devant moi, rien que pour moi; n'était-ce pas à en perdre la tête?

Quand elle eut tiré les provisions du panier, Stéphanette se mit à regarder curieusement autour d'elle. Relevant un peu sa belle jupe du dimanche qui aurait pu s'abîmer, elle entra dans le *parc*, voulut voir le coin où je couchais, la crèche de paille avec la peau de mouton, ma grande cape accrochée au mur, ma crosse, mon fusil à pierre. Tout cela l'amusait. — « Alors c'est ici que tu vis, mon pauvre berger? Comme tu dois t'ennuyer d'être toujours seul? Qu'est-ce que tu fais? A quoi penses-tu?... » J'avais envie de répondre : « A vous, maîtresse, » et je n'aurais pas menti; mais mon trouble était si grand que je ne pouvais pas seulement trouver une parole. Je crois bien qu'elle s'en apercevait, et que la méchante prenait plaisir à redoubler mon embarras avec ses malices . — « Et ta bonne amie, berger, est-ce qu'elle monte te voir quelquefois?... Ça doit être bien sûr la chèvre d'or, ou cette fée Estérelle qui ne court qu'à la pointe des montagnes... » Et elle-même, en me parlant, avait bien l'air de la fée Estérelle, avec le joli rire de sa tête renversée et sa hâte de s'en aller qui faisait de sa visite une apparition. — « Adieu, berger.

— Salut, maîtresse. » Et la voilà partie, emportant ses corbeilles vides.

Lorsqu'elle disparut dans le sentier en pente, il me semblait que les cailloux, roulant sous les sabots de la mule, me tombaient un à un sur le cœur. Je les entendis longtemps, longtemps; et jusqu'à la fin du jour, je restai comme ensommeillé, n'osant bouger, de peur de faire en aller mon rêve. Vers le soir, comme le fond des vallées commençait à devenir bleu et que les bêtes se serraient en bêlant l'une contre l'autre pour rentrer au *parc*, j'entendis qu'on m'appelait dans la descente, et je vis paraître notre demoiselle, non plus rieuse ainsi que tout à l'heure, mais tremblante de froid, de peur, de mouillure. Il paraît qu'au bas de la côte, elle avait trouvé la Sorgue grossie par la pluie d'orage, et qu'en voulant passer à toute force, elle avait risqué de se noyer. Le terrible, c'est qu'à cette heure de nuit, il ne fallait plus songer à retourner à la ferme; car le chemin par la traverse, notre demoiselle n'aurait jamais su s'y retrouver toute seule, et moi je ne pouvais pas quitter le troupeau. Cette idée de passer la nuit sur la montagne la tourmentait beaucoup, surtout à cause de l'inquiétude des siens. Moi, je la rassurais de mon mieux : « En juillet, les nuits sont courtes, maîtresse... Ce n'est qu'un mauvais moment. » Et j'allumai vite un grand feu pour sécher ses pieds et sa robe toute trempée de l'eau de la Sorgue. Ensuite j'apportai devant elle du lait, des fromageons; mais la pauvre petite ne songeait ni à se chauffer, ni à manger, et de voir les grosses larmes qui montaient dans ses yeux, j'avais envie de pleurer, moi aussi.

Cependant la nuit était venue tout à fait. Il ne restait plus sur la crête des montagnes qu'une poussière de soleil, une vapeur de lumière du côté du couchant. Je voulus que notre demoiselle entrât se reposer dans le *parc*. Ayant étendu sur la paille fraîche une belle peau toute neuve, je lui souhaitai la bonne nuit, et j'allai m'asseoir dehors devant la porte... Dieu m'est témoin que, malgré le feu d'amour qui me brûlait le sang, aucune mauvaise pensée ne me vint; rien qu'une grande fierté de songer que dans un coin du *parc*, tout près du troupeau curieux qui la regardait dormir, la fille de mes maîtres, — comme une brebis plus précieuse et plus blanche que toutes les autres, — reposait, confiée à ma garde. Jamais le ciel ne m'avait paru si profond, les étoiles si brillantes... Tout à coup, la claire-voie du *parc* s'ouvrit et la belle Stéphanette parut. Elle ne pouvait pas dormir. Les bêtes faisaient crier la paille en remuant, ou bêlaient dans leurs rêves. Elle aimait mieux venir près du feu. Voyant cela, je lui jetai ma peau de bique sur les épaules, j'activai la flamme, et nous restâmes assis l'un près de l'autre sans parler. Si vous avez jamais passé la nuit à la belle étoile, vous savez qu'à l'heure où nous dormons, un monde mystérieux s'éveille dans la solitude et le silence. Alors les sources chantent bien plus clair, les étangs allument des petites flammes. Tous les esprits de la montagne vont et viennent librement ; et il y a dans l'air des frôlements, des bruits imperceptibles, comme si l'on entendait les branches grandir, l'herbe pousser. Le jour, c'est la vie des êtres ; mais la nuit, c'est la vie des choses. Quand on n'en a pas l'habitude, ça fait peur... Aussi notre demoiselle était toute frissonnante et se serrait contre moi au moindre bruit. Une fois, un cri long, mélancolique, parti de l'étang qui luisait plus bas, monta vers nous en ondulant. Au même instant une belle étoile filante glissa par-dessus nos têtes dans la même direction, comme si cette plainte que nous venions d'entendre portait une lumière avec elle.

— « Qu'est-ce que c'est? » me demanda Stéphanette à voix basse.

— « Une âme qui entre au paradis, maîtresse; » et je fis le signe de la croix. Elle se signa aussi, et resta un moment la tête en l'air, très-recueillie. Puis elle me dit : « C'est donc vrai, berger, que vous êtes sorciers, vous autres?

— « Nullement, notre demoiselle. Mais ici nous vivons plus près des étoiles, et nous savons ce qui s'y passe mieux que des gens de la plaine. »

Elle regardait toujours en haut, la tête appuyée dans la main, entourée de la peau de mouton comme un petit pâtre céleste : « Qu'il y en a ! Que c'est beau ! Jamais je n'en avais tant vu... Est-ce que tu sais leur nom, berger?

— « Mais oui, maîtresse... Tenez! juste au-dessus de nous, voilà le *Chemin de Saint-Jacques* (la voie lactée). Il va de France droit sur l'Espagne. C'est saint Jacques de Galice qui l'a tracé pour montrer sa route au brave Charlemagne lorsqu'il faisait la guerre aux

Sarrasins [1]. Plus loin, vous avez le *Char des âmes* (la grande Ourse) avec ses quatre essieux resplendissants. Les trois étoiles qui vont devant sont les trois *bêtes*, et cette toute petite contre la troisième c'est le *charretier*. Voyez-vous tout autour cette pluie d'étoiles qui tombent. Ce sont les âmes dont le bon Dieu ne veut pas chez lui... Un peu plus bas, voici le *râteau* ou les *trois rois* (Orion). C'est ce qui nous sert d'horloge, à nous autres. Rien qu'en les regardant, je sais maintenant qu'il est minuit passé. Un peu plus bas, toujours vers le midi, brille *Jean de Milan*, le flambeau des astres (Sirius). Sur cette étoile-là, voici ce que les bergers racontent. Il paraît qu'une nuit *Jean de Milan*, avec les *trois rois* et la *Poucinière* (la Pléiade), furent invités à la noce d'une étoile de leurs amies. La *Poucinière*, plus pressée, partit, dit-on, la première, et prit le chemin haut. Regardez-la là-haut, tout au fond du ciel. Les *trois rois* coupèrent plus bas et la rattrapèrent; mais ce paresseux de *Jean de Milan*, qui avait dormi trop tard, resta tout à fait derrière, et furieux, pour les arrêter, leur jeta son

---

[1] Tous ces détails d'astronomie populaire sont traduits de l'*Almanach provençal* qui se publie en Avignon.

bâton. C'est pourquoi les *trois rois* s'appellent aussi le *bâton de Jean de Milan*... Mais la plus belle de toutes les étoiles, maîtresse, c'est la nôtre, c'est l'*Étoile du berger*, qui nous éclaire à l'aube quand nous sortons le troupeau et aussi le soir quand nous le rentrons. Nous la nommons encore *Maguelonne*, la belle Maguelonne qui court après *Pierre de Provence* (Saturne) et se marie avec lui tous les sept ans.

— « Comment ! berger, il y a donc des mariages d'étoiles?...

— « Mais oui, maîtresse... »

Et comme j'essayais de lui expliquer ce que c'était que ces mariages, je sentis quelque chose de frais et de fin peser légèrement sur mon épaule. C'était sa tête alourdie de sommeil qui s'appuyait contre moi avec un joli froissement de rubans, de dentelles et de cheveux ondés. Elle resta ainsi sans bouger jusqu'au moment où les astres du ciel pâlirent, effacés par le jour qui montait. Moi, je la regardais dormir, un peu troublé au fond de mon être, mais saintement protégé par cette claire nuit qui ne m'a jamais donné que de belles pensées. Autour de nous, les étoiles continuaient leur marche silencieuse, dociles comme un grand troupeau; et par moment je me figurais qu'une de ces étoiles, la plus fine, la plus brillante, ayant perdu sa route, était venue se poser sur mon épaule pour dormir...

LE VOL

— ÉTUDE —

Qui l'avait mise là? Était-ce le diable pour me tenter, ou ma mère pour payer le cachet du professeur de musique? Mystère insondable. Ce qu'il y a de sûr, c'est qu'elle était là, sur la cheminée du salon, et que je l'aperçus un mercredi matin, au moment de partir au collége. Ma première pensée ne fut pas mauvaise. Je me dis tout haut : « Tiens!... quarante sous. » C'était une belle pièce, large, un peu usée, avec une effigie qui s'effaçait, reluisant doucement sur le velours grenat de la tablette. Sans songer à mal, pour la voir de plus près, je la pris dans ma main. Aussitôt la magie de l'argent opéra. Pour les douze ou treize ans que j'avais alors, quarante sous faisaient une somme énorme, et je sentis soudain frétiller en moi autant de désirs qu'il y avait de petites pièces dans cette grande pièce, toute la monnaie d'une tentation que j'osais à peine m'avouer.

Je pensais : « Y en a-t-il des parties de canot là-dedans. »

C'était ma grande passion, les canots, à cette époque. Passer toute une après-midi sur l'eau noire du vieux port, au milieu des bateaux de pêche, dans la vapeur des paquebots en partance, les cris des mouettes, les commandements, les appels, les chansons de bord tout en haut des vergues, les coups de marteau du bassin de radoub ; longer les frégates de l'État, propres, luisantes comme un uniforme d'aspirant, ou se laisser bercer à l'ombre d'un gros navire, endormi et silencieux, qu'animait seulement la vigilance d'un terre-neuve dressé tout debout les pattes sur le bastingage ; courir pieds nus sur des trains de bois, grimper aux mâts, voir pêcher des oursins, puis revenir le soir, tout imprégné d'une odeur de goudron, de varech, avec la lassitude, l'impression d'un long voyage, je ne connaissais pas de bonheur plus grand. Mais ce bonheur coûtait cher, et pour arriver à louer un bateau de dix sous avec les deux sous qu'on me donnait chaque semaine, il fallait se priver de tout, calculer, économiser. Aussi cette belle pièce d'argent, lumineuse et ronde, me fit-elle l'effet d'un cercle de lanterne magique, tout petit d'abord, mais s'agrandissant à mesure que je le regardais, pour rendre vivantes et visibles les images qui le traversaient, le vieux port, les beauprés de navires s'avançant en ligne tout le long du quai, et les petits bateaux de louage balancés sur l'eau profonde et moirée. La vision était si nette, si tentante ! Je fus obligé de fermer les yeux...

Pendant quelques minutes, je restai là, sans bouger, tenant serré cet argent qui me brûlait la main. Minutes inoubliables, angoisse douloureuse et délicieuse de la tentation, toutes les émotions du vol. Ne riez pas. Ce ne sont point des sensations d'enfant que je vous raconte, mais des sensations de criminel. Secoué par une lutte effroyable, tout mon pauvre petit corps tremblait. Mes oreilles bourdonnaient. J'entendais les battements de mon cœur et le tic-tac monotone de la pendule. A la fin pourtant, l'idée du devoir, déjà née et grandie en moi, le souvenir des miens, l'atmosphère de la maison honnête, sans doute aussi la peur du châtiment, de l'humiliation si j'étais découvert, tout cela fut plus fort que la passion. Je remis la pièce où je l'avais prise. Seulement... ah! il faut tout dire... seulement, par un mouvement instinctif, irréfléchi, mais à coup sûr diabolique, je la poussai bien loin sous la pendule pour qu'on la vît plus et qu'on ne la crût perdue.

A partir de ce moment, le vol était commis, aggravé encore par la lâcheté et l'hypocrisie. Je ne m'y trompais pas. Ma conscience indignée se levait toute droite pour m'appeler : « Voleur! voleur! » si fort qu'il me semblait que tout le monde l'entendait. Au collége, impossible de travailler. J'avais beau prendre ma tête à deux mains, clouer mon regard sur le livre ouvert, je n'y voyais que ces rayonnements vagues, ces prismes brisés que nous laisse au fond des yeux une chose brillante trop longtemps regardée. Oh! oui, le crime était commis, car j'en avais déjà le remords. C'était comme une étreinte au cœur, du trouble, de la honte, un besoin d'être seul. Par moments, en me débattant contre cet autre moi-même si grondeur, j'avais envie de lui crier : « Tais-toi... Je n'ai rien fait... Laisse-moi tranquille... Je suis sûr qu'on va la retrouver, cette pièce de quarante sous. » Et tout en disant cela, je pensais avec un certain contentement qu'on ne remontait la pendule que tous les quinze jours, et que dans notre salon, un salon de province, ciré, soigné, fermé comme un tabernacle, on n'entrait guère que le lundi à l'heure de ma leçon de musique. Le soir, en arrivant chez nous, mon premier soin fut d'aller tâter dans l'ombre sur la cheminée. La pièce y était encore. Je n'eus pas le courage de la prendre, ni le plus grand courage de dire à mes parents : « Elle est là! » Décidément j'étais un voleur.

La soirée se passa dans une agitation extrême. Je sentais le jeudi du lendemain qui approchait. Jeudi, le congé, les bateaux!... Surexcité par une sorte de fièvre, je parlais beaucoup, et ma voix avait une sonorité fausse qui me gênait. Deux ou trois fois le regard de ma mère posé sur moi, inquiet et troublant, sembla demander : « Qu'est-ce qu'il a? » Alors je rougissais, comme si chaque mot que je disais était le mensonge de ma pensée. Avec cela un air soumis, des gentillesses d'enfant coupable qui veut se faire pardonner, et sous les caresses que me valaient mes câlineries, la honte de mon hypocrisie, des envies folles de tomber à genoux, de tout leur dire... Puis rien. Cette nuit-là pourtant, je dormis assez bien, contre mon attente. Ce que c'est que le sentiment de l'impunité ! Maintenant que j'étais sûr de pouvoir prendre la pièce sans danger, puisque tout le monde la croyait perdue, ma conscience me laissait tranquille. Je n'avais plus qu'à rêver à ma fête du lendemain ; et jusqu'au matin entre mes cils fermés je vis les mâts du vieux port se balancer sur la houle, pendant que là-bas, au bout de la jetée, la mer, la pleine mer, bleue, immense, voyageuse, me souriait de ses mille petites vagues...

Le lendemain, aussitôt après le déjeuner, je me glissai furtivement dans le salon. Devant la cheminée, j'eus encore un moment terrible. On parlait dans la chambre à côté ; j'avais peur que quelqu'un entrât. Combien de temps suis-je resté là, debout au bord de mon crime, avançant la main puis la retirant ? Je ne m'en souviens plus. Ce que je n'ai pas oublié, par exemple, c'est cette figure d'enfant, blême, contractée, bouleversée, que j'avais en face de moi dans la glace, et qui me regardait avec des yeux ardents, des yeux de fauve à l'affût. Enfin les voix s'éloignèrent. Je pris la pièce brusquement, et me voilà dehors.

C'était un jeudi magnifique, c'est-à-dire un dimanche, moins la mélancolie des cloches, la tristesse de l'heure des vêpres, les promenades en famille dans la gêne de l'endimanchement. Tremblant d'être rappelé, j'avais pris mon élan vers les quais avec la hâte de jouir de mon vol. Malheur à qui aurait voulu m'arrêter alors ! Oh ! quand on vient de voler, comme on doit tuer facilement ! Tout en courant, j'entendais la belle pièce d'argent clair tinter joyeusement au fond de ma poche avec la pièce de deux sous qu'on me donnait chaque jeudi, et cette musique me grisait, me donnait des ailes. Plus l'ombre d'un remords. Léger, souriant, la joue en feu, j'étais déjà dans l'atmosphère de mon plaisir.

Tout à coup, en passant devant un porche d'église, la main tendue d'une mendiante m'arrêta. Fus-je attendri par cette misère, par la pâleur de cette face éteinte ou le regard morne de l'enfant que la malheureuse avait dans ses bras ? Ne cédai-je pas plutôt à ce besoin de faire le bien qui vous prend après une faute, ou encore à une superstition de petit méridional

presque italien, essayant de sanctifier l'argent volé ?
Quoi qu'il en soit, je tirai de ma poche les deux sous
de mon jeudi, et je les jetai à la mendiante, qui me
remercia avec une expression de joie, de reconnais-
sance extraordinaire, si extraordinaire en vérité, que,
deux rues plus loin, une crainte subite me traversa
l'esprit. Ah ! mon Dieu ! Est-ce que par hasard ?...

Vite je tâte, je me fouille et pousse un cri de rage.
J'avais donné les deux francs. Il ne me restait plus
que mes deux sous ! Et les bateaux étaient là tout près.
Déjà les mâts, les vergues du vieux port montaient au
bout de la rue, dans un grand carré de lumière...
Non, vous n'avez jamais vu une colère, un désespoir
pareil au mien.

Me voilà revenant sur mes pas, furieux, parlant tout
seul : « Oh ! je la retrouverai... Je lui dirai que je me
suis trompé, que cet argent n'était pas à moi... Et si
elle ne veut pas me le rendre, eh bien ! je la ferai arrêter comme voleuse. » Je l'appelais voleuse. J'avais
cet aplomb... En attendant, où était-elle passée ? J'eus
beau fouiller tous les porches de l'église, regarder
autour dans les rues, dans les passages. Personne.
Sitôt ses deux francs reçus, la mendiante était rentrée

chez elle. En une fois, sa journée avait été finie. La mienne avec.

Alors éperdu, ne sachant plus que faire, je retournai à la maison, et sautant au cou de ma mère, avec une explosion de larmes, où il y avait encore plus de colère que de remords, je pris le parti de lui avouer tout. Cela se voit quelquefois, paraît-il, qu'un voleur vienne faire des aveux à la justice, de rage d'avoir manqué son coup.

LE BANDIT QUASTANA

I

.... Le diable soit des préfectures pittoresques ! nous disait un jour le baron Burdet... Rien ne s'y passe comme ailleurs, et à moins d'être nés dans le pays, les fonctionnaires y sont exposés à d'éternelles mésaventures. Pour ma part, si je faisais métier d'écrire, je pourrais composer un gros volume avec tout ce qui m'est arrivé d'infortunes administratives, pendant les trois ans que j'ai passés en Corse comme conseiller de préfecture. En voici une entre autres, qui je crois vous amusera.

Je venais d'entrer en fonctions à Ajaccio. Un matin, pendant que j'étais au cercle, plongé délicieusement jusqu'au cou dans les journaux de Paris, le préfet m'envoie par son valet de chambre un mot au crayon : « Venez vite... j'ai besoin de vous... Nous tenons le bandit Quastana. » J'eus une exclamation de joie, et je courus à la préfecture. Il faut vous dire que sous l'Empire c'était une très-grosse affaire l'arrestation d'un bandit corse. La *Colomba* de M. Mérimée les avait mis à la mode aux Tuileries, et quand un préfet était assez habile pour mettre la main sur quelque fameux coureur de maquis, il pouvait être sûr de passer de première classe, surtout si le journal de la préfecture présentait l'arrestation d'une façon un peu romanesque.

Malheureusement, depuis quelques années, les bandits devenaient rares. La Corse se civilisant chaque jour perdait ses traditions de *vendetta*; et si, par hasard, dans un canton reculé de Sartène ou de l'Ile-Rousse, un indigène au sang vif se laissait encore aller à jouer du stylet ou de l'escopette, il passait vite en Sardaigne, et se gardait bien de *tenir le maquis*, comme on dit là-bas. Cela ne faisait pas l'affaire de notre préfet, vous pensez. Pas de bandit, pas de première classe. Pourtant, à force de chercher, il avait fini par en découvrir un. C'était un vieux sacripant, nommé Quastana, qui, pour venger la mort de son frère, avait exterminé dans le temps je ne sais combien de familles. L'histoire remontait à 1830 ou 1832. Depuis, Quastana vivait caché dans le mâquis où poursuivi d'abord avec acharnement il avait fini par être oublié. Seulement il se tenait sur ses gardes, et lorsqu'à trente ans de distance les poursuites recommencèrent, elles n'eurent pas plus de succès qu'auparavant. Dès lors, entre le bandit et l'administration, ce fut une affaire acharnée de tous les instants. Nous avions pour nous les soldats, les gendarmes, le télégraphe. Quastana avait les bergers, les charbonniers, et ces inextricables mâquis du Monte-Rotondo où les merles de roche seuls pouvaient le suivre. A la préfecture on commençait à désespérer... Aussi vous vous figurez si ce « nous le tenons » m'avait ravi.

Je trouvai le préfet dans son cabinet, en conversation intime avec un petit homme à la figure correcte et froide, dont l'expression restait impénétrable sous une épaisse barbe noire qui lui cachait toute la bouche. Un vrai type de paysan corse. Le bonnet de laine, le petit caban en poils de chèvre, et la longue paire de ciseaux pendue à la ceinture, dont ils se servent pour hacher dans le creux de la main les grandes feuilles de tabac vert.

— C'est le cousin de Quastana, me dit le préfet tout bas. Il habite le petit village de Solenzara, au-dessus de Porto-Vecchio, et le bandit vient faire tous les dimanches soir sa partie de *scopa* avec lui. Dernièrement, paraît-il, ils ont eu une grave discussion au jeu, et pour se venger le drôle me propose de me livrer son cousin... Entre nous, cet homme a l'air sincère. Mais comme je désire faire l'arrestation moi-même avec autant d'éclat que possible, il s'agit de prendre nos précautions et de ne pas exposer le gouvernement à une expédition ridicule. Pour cela, j'ai besoin de vous, mon cher baron. Vous êtes tout neuf dans le pays, personne ne vous connaît, et je vous charge d'aller vous assurer *de visu* si c'est bien le vrai Quastana qui vient faire le dimanche la partie de ce monsieur.

— Mais je ne l'ai jamais vu, votre Quastana...

Le préfet tira d'un portefeuille une photographie mangée de soleil : « Tenez ! le voici. Il a eu l'impudence d'aller se faire photographier à Porto-Vecchio, l'an dernier. » Pendant que nous regardions la figure intelligente et fine du bandit, l'autre s'était rapproché de nous, et nous surveillait du coin de l'œil. Je voyais de temps en temps sa paupière baissée se soulever un peu avec un regard brillant comme un éclair de stylet, vite émoussé par une indifférence apparente ou profonde. — « Ne craignez-vous pas, lui demandâmes-nous, que la présence d'un étranger chez vous n'effarouche votre cousin et l'empêche de revenir le dimanche d'après? » L'homme répondit tranquillement : « Non, il aime trop le jeu..... D'ailleurs il y a tous les jours des figures nouvelles, à la Solenzara, à cause de la fonderie. Je dirai que monsieur est venu chez moi pour que je le mène tirer des grives. C'est justement la saison. » Là-dessus, nous convînmes d'un rendez-vous pour le lendemain soir dimanche à l'auberge de la Solenzara, et il nous quitta sans paraître le moins du monde gêné de son vilain rôle. Derrière lui le préfet me fit de nombreuses recommandations. — « Avant tout, mon cher conseiller, pas un mot de cette affaire à qui que ce soit... Vous m'entendez... à qui que ce soit!... Ce pays est plein de chausses-trapes. On nous soufflerait notre bandit; et j'entends bien ne partager avec personne autre que vous le bénéfice et l'honneur de ce joli coup de filet. » J'assurai le

8

préfet de ma discrétion, le remerciai de sa confiance, et nous nous séparâmes pleins de rêves ambitieux, lui se voyant déjà au conseil d'Etat, moi dans une bonne petite sous-préfecture continentale.

Le lendemain matin, équipé en chasse de la tête aux pieds, je montai dans la diligence qui fait le service d'Ajaccio à Bastia et parcourt l'île sur toute sa longueur. Pour les personnes qui aiment la nature, c'est le voyage le plus charmant et le plus varié du monde. On trouve tour à tour des champs d'oliviers comme en Provence, des forêts de sapins, des pics couverts de neige dominant des vallées toutes blanches d'orangers en fleurs. Puis, de temps en temps, la route, à un détour, laisse voir entre deux roches un horizon entièrement bleu, la voile latine d'un corailleur en pleine mer, et des cactus découpant leurs feuilles métalliques sur un ciel africain. Mais nous autres de l'administration, nous n'attachons pas beaucoup d'importance à ces sortes de choses, et j'avoue que, bien moins préoccupé du paysage que de ma sous-préfecture, j'eus les yeux fermés les trois quarts du chemin.

A Bonifacio, on s'arrêta pour déjeuner. Quand je remontai en voiture, la tête un peu chauffée par une bouteille de vieux talano, je trouvai un compagnon de route dans le coupé. C'était un substitut de Bastia, que j'avais rencontré une ou deux fois aux soirées du préfet. Un gentil garçon, à peu près de mon âge, Parisien comme moi, et malin!... Il me le prouva bien, l'animal...

Nulle part, vous le savez peut-être, l'administration et la magistrature ne font bon ménage ensemble. En Corse, encore moins qu'ailleurs. L'administration réside à Ajaccio, la magistrature à Bastia, et leur hostilité s'accroît de la rivalité des deux villes. Mais bah! deux Parisiens en exil qui se rencontrent n'ont rien à voir à ces querelles de clocher. On oublie le pays où l'on se trouve pour ne s'occuper que de celui qu'on regrette. Bref, mon substitut et moi, nous fûmes tout de suite grands amis; et le talano me déliant la langue, je ne lui cachai pas, au milieu de nos lamentations d'exilés, que je comptais rentrer en France avant peu, grâce à l'affaire Quastana, dont je lui fis la confidence sous le sceau du plus profond secret... Quelle belle chose que la jeunesse! Quand mon substitut descendit au relai de Porto-Vecchio, nous commencions déjà à nous tutoyer.

II

Ce petit village de la Solenzara, où j'arrivai sur les quatre ou cinq heures, s'est formé autour d'une magnifique fonderie installée près de la mer, à l'embouchure d'une étroite rivière. Toute une population d'ouvriers, de pêcheurs, de douaniers habite là pendant l'hiver; mais en été des fièvres pernicieuses forcent ces pauvres gens à émigrer à deux lieues plus haut dans la montagne, et le dimanche de mon arrivée, le pays était à peu près désert, animé seulement par sa fonderie qui ne se repose jamais.

Dans le village vide, un petit abbé — tout noir au soleil couchant — promenait son ombre menue abritée sous un grand chapeau de Bazile comme sous un parasol. Sans savoir qui j'étais, il vint à moi, l'échine souple, obséquieux, fatiguant de paroles polies et d'offres de service. Il voulait à toute force m'emmener dîner chez lui, à son « précipitère, » comme il disait avec un accent italien des plus comiques.

J'attribuai d'abord l'empressement du saint homme

à la joie qu'il éprouvait de voir un habitant à la Solenzara désertée; mais les gens de l'auberge, où j'avais fini par entrer bien malgré lui, m'apprirent le secret de son obstination. Le petit abbé était très-joueur, et quand il pouvait attirer quelqu'un dans son « précipitère, » les parties de *scopa* se prolongeaient bien avant dans la nuit. Que voulez-vous? Tous les Corses ont la maladie du jeu. A Ajaccio, à Sartène, à Bastia, on est obligé de surveiller les cercles, les cafés. Les jeunes gens s'y ruinent à la bouillotte... Dans les villages, c'est la même chose. Les paysans sont enragés pour les cartes. Quand ils n'ont pas d'argent, ils jouent leurs moutons, leurs pipes, leurs couteaux, n'importe quoi, pourvu qu'ils jouent, et toujours à la *scopa*...

Cependant la nuit était venue, et Matteo — le cousin de Quastana — n'arrivait pas. J'avais dîné, dans la grande auberge presque vide, d'une assiette de *patelli* et d'une grillade de chevreau toute sèche et carbonisée; par là-dessus un atroce vin du pays sentant la peau de bouc. Les quelques ouvriers de la fonderie, qui prennent là leurs repas, étaient partis depuis longtemps, et je commençais à me trouver très-embarrassé de mon personnage devant la curiosité méfiante et questionneuse de l'aubergiste, lorsqu'enfin Matteo parut.

— L'homme est chez moi, me dit-il en portant la main à son bonnet... Si vous voulez venir...

Dehors, il faisait très-noir. Un grand vent d'orage apportait les lames au long de la côte, les secouait tout entières avec un bruit lourd d'étoffes mouillées qui s'étalent en s'éclaboussant. Nous suivîmes pendant près d'une lieue un chemin caillouteux, le lit d'un torrent desséché plein de pierres arrondies qui se détachaient sous nos pas. Une végétation abondante, laissée par l'eau disparue, envahissait la route déjà si étroite; des broussailles, des lentisques, des touffes d'absinthe dont l'odeur amère se dégageait au frôlement de notre passage. Je me sentais en pleine Corse sauvage...

—Voilà ma maison, me dit Matteo en me montrant une petite lumière entre les branches, clignotante comme un ver-luisant un soir de tempête.

A ce moment un grand chien se dressa dans l'ombre devant nous avec des aboiements furieux. On eût dit qu'il voulait nous barrer le chemin.

— Ici, Bruccio, Bruccio! cria le cousin, et se penchant vers moi : C'est le chien de Quastana... un animal terrible, qui n'a pas son pareil pour monter la garde... Là, là, mon vieux Bruccio... tu nous prends donc pour des gendarmes?

L'énorme bête se calma et vint souffler dans nos jambes. C'était un beau terre-neuve à qui son poil entièrement blanc, laineux, épaissement soulevé, avait valu ce nom de *bruccio (fromage blanc)*. Il nous précéda avec de grosses gambades dans la maison de Matteo, une espèce de hutte en pierres, percée au toit d'un grand trou servant à la fois de fenêtre et de cheminée. Deux couchettes de marine tenaient la plus grande place du logis.

Sur une table grossière, entourée de tabourets faits de troncs d'arbres mal équarris et rugueux, un *torchetto* dans un chandelier de bois éclairait tout d'une flamme haletante où une foule d'insectes volant et crépitant venaient brûler leurs ailes.

Devant la table, une face fine, tannée, rasée de pêcheur italien ou provençal, penchée sur un paquet de cartes dans la fumée épaisse du tabac vert...

— Cousin Quastana, dit Matteo en entrant, voilà un

de ces messieurs de la fonderie qui vient chasser demain avec moi... Il passera la nuit ici pour être dans le mâquis à la première heure.

On n'a pas été poursuivi, traqué trente ans de sa vie, sans qu'il vous en reste une habitude de méfiance. Les petits yeux noirs du bandit se plantèrent une seconde dans les miens. Après quoi, satisfait sans doute de son examen, il me fit un grand salut et ne s'occupa plus de moi. D'ailleurs la partie de *scopa* les absorba bientôt, lui et le cousin... C'est bien un vrai jeu corse, cette *scopa* silencieuse, en dessous, toute d'astuce et d'espionnage. Je regardais les deux joueurs, l'un en face de l'autre, s'épiant, se guettant, les cartes soigneusement cachées, abaissées en éventail sur la table, puis relevées tout à coup, entrevues d'un regard rapide qui ne quittait pas l'adversaire. Le vieux Quastana surtout m'intéressait à observer. La lumière donnait en plein sur lui. Je reconnaissais la photographie que m'avait donnée le préfet, la veste de cadis, les hautes guêtres de cuir bouclées au-dessus du genou. Seulement, ce que la photographie n'avait pas pu rendre, c'était cette figure couleur de roche, le coup de feu du soleil sur une peau toujours à l'air, la souplesse et la vivacité des mouvements, surprenantes chez un homme de cet âge ; puis la voix, cette voix rauque et gourde des gens qui vivent beaucoup seuls, et dont la parole s'embarrasse de toutes les rouilles du silence habituel... Le Matteo non plus ne manquait pas de tournure, assis tranquillement de l'autre côté de la table, en face de l'homme qu'il allait livrer. Pas le moindre trouble, la moindre hésitation. Je crois vraiment que le drôle avait oublié sa trahison pour ne songer qu'à sa partie, et que l'issue de la *scopa* le préoccupait bien plus que le résultat du guet-apens.

Une heure ou deux se passèrent ainsi. J'avais de la peine à me tenir éveillé dans l'atmosphère étouffée de la cabane et les longs mutismes du jeu coupés d'exclamations monotones : « *Déché setté!... Déché otto!...* » De temps en temps le grand vent qu'il faisait dehors, un sursaut de la lampe, une dispute des joueurs me forçaient de rouvrir les yeux... Soudain un aboiement de Bruccio, sauvage, entêté comme un cri d'alarme, mit toute la cabane sur pieds. Le vieux ne fit qu'un bond jusqu'à la porte, sortit une minute, puis rentra précipitamment. — *I pinsuti !...* dit-il, et, sautant sur son fusil, il s'élança dehors comme un chat. Matteo et moi nous étions encore debout à nous regarder, qu'une dizaine de gendarmes, la carabine au poing, avaient envahi la maison. — « Rendez-vous !... » Et nous voilà renversés, fouillés, garrottés. Je veux me nommer, dire qui je suis. Personne ne m'écoute. — « C'est bon, c'est bon. Vous vous expliquerez à Bastia. » On nous fait sortir à coups de crosses. On nous bouscule dans la descente, les menottes au poing. Puis au bas de la côte, une voiture cellulaire qui attendait, boîte infâme sans air, dévorée de vermine, nous emporte au grand trot vers Bastia, au milieu d'une galopade de gendarmes et de sabres nus... Tout cet appareil de forces pour emmener un conseiller de préfecture !

III

Il était déjà grand jour quand nous arrivâmes à Bastia. Vous voyez d'ici le tableau de mon entrée dans le greffe de la maison d'arrêt, où le procureur impérial, le colonel de gendarmerie, le directeur de la prison attendaient avec impatience le résultat de l'expédition. Le plus étonné de tous fut encore le brigadier, qui m'amenait triomphalement, quand il vit ces messieurs s'empresser autour de moi, et le procureur impérial m'arracher les menottes lui-même, avec toutes sortes d'excuses.

— Comment! c'est vous, monsieur le baron!... C'est vous que ces imbéciles... Mais d'où vient cette méprise? Comment cela s'est-il fait?

Alors on s'expliqua. La veille dans la journée, le procureur impérial avait reçu une dépêche de Porto-Vecchio lui signalant la présence du bandit Quastana dans la localité de Solenzara, avec des détails si précis, si affirmatifs...

Ce mot de Porto-Vecchio fut une révélation.

— Mais c'est votre substitut qui vous a envoyé cette dépêche?

— Tout juste. C'est mon substitut. Un homme très-sérieux, très sûr (j'en savais quelque chose!) et qui n'a pas dû m'envoyer ses renseignements à la légère... Mais vraiment, mon cher conseiller, qui aurait pu se douter que vous seriez en partie de chasse dans nos parages, et justement chez le cousin de notre bandit?... Enfin nous vous avons fait passer une mauvaise nuit; mais vous avez assez d'esprit pour ne pas m'en vouloir, et vous allez me le prouver en venant déjeuner avec moi... Brigadier, emmenez cet homme. On l'interrogera plus tard.

Le malheureux Matteo restait muet de stupeur; mais ses regards à mon adresse étaient toute une protestation. Je ne pouvais faire autrement que d'expliquer carrément les choses. Prenant donc le procureur à part, je lui avouai que le cousin de Quastana était un espion de la préfecture, qu'il avait promis de nous livrer le bandit, bref toute l'histoire. A mesure que je parlais, la figure du magistrat, tout à l'heure si bienveillante, reprenait son masque de froideur judiciaire.

— J'en suis fâché pour la préfecture, me dit-il d'un petit air sec... Mais je tiens le cousin de Quastana et je ne le lâcherai pas. Il passera en jugement avec deux ou trois bergers coupables d'avoir livré de la poudre et des vivres au bandit. Il faut en finir avec ces connivences criminelles qui entravent l'action de la justice...

— Mais je vous répète, monsieur le procureur, que cet homme est une créature du préfet...

— Eh! c'est bien pour cela que je le garde, reprit le procureur impérial en éclatant. Je veux une fois pour toutes donner une bonne leçon à l'administration et lui apprendre à ne pas se mêler de ce qui ne la regarde point... Comment! Il n'y a qu'un bandit, en Corse, un malheureux bandit, et vous vous acharnez à me l'enlever. Mais c'est mon gibier, ça ! Voyons, monsieur le conseiller, vous qui êtes chasseur (ici un sourire à mon équipement), est-ce que c'est permis, ces choses-là?... Je l'avais pourtant dit à votre préfet : c'est moi qui prendrai Quastana ou personne ne le prendra... Il s'entête. Eh bien! je vais lui jouer un tour de ma façon... Votre Matteo passera en justice. Naturellement il se réclamera de la préfecture ; et comme l'affaire fera du bruit, le bandit sera désormais en garde contre son cousin et les chasseurs de grives de l'administration.

C'est qu'il le fit comme il disait, ce diable d'homme. Un mois après, la préfecture était assignée. Nous voilà obligés, le secrétaire général et moi, d'aller réclamer notre espion, de raconter mon aventure en plein tribunal. Vous pensez si l'auditoire s'amusait. Ce conseiller de préfecture, voyageant en voiture cellulaire!... Bref l'administration fut roulée sur toute la ligne. Quant à Matteo, le tribunal l'acquitta comme de juste; mais il ne pouvait plus nous être bon à rien, maintenant que Quastana était prévenu. Il quitta le pays quelque temps après pour entrer, comme on disait là-bas, dans les *chemins de fer*. C'est le nom que les Corses donnaient à la police impériale. Pour ces pauvres diables qui n'ont jamais vu de voie ferrée, cela constituait une administration occulte, mystérieuse, et quand vous demandiez dans les familles : « Où est Alessandri?... où est Bastelica? » cette réponse un peu vague dispensait de toute explication : « Il est dans les chemins de fer... »

LE DANGER

— ÉTUDE —

« Ne va pas là... Il y a du danger. » Quel est l'enfant qui, entendant cette phrase, ne se sent invinciblement attiré vers le coin dangereux qu'on lui dit d'éviter? Rien que ce mot de danger lui fait battre le cœur. Il s'approche, il rôde, il regarde : « C'est là... » et tout au fond de sa peur, il y a quelque chose qui l'entraîne, le fascine. C'est l'attrait du danger.

Je me souviens que, tout petit, on me menait jouer quelquefois dans un grand parc abandonné. Il y avait au fond de ce parc, sous un fouillis de ronces, de broussailles, une vieille terrasse très-haute, qui donnait sur un petit chemin à travers blés. Ce petit chemin me tentait. J'aurais voulu y sauter de là-haut. Mais c'était si loin, si profond. Je passais des heures sur ma terrasse, rouge, ému, à me dire : « Je sauterai, je ne sauterai pas... » Enfin, un jour, n'y tenant plus, je sautai, et je me fis grand mal. Mais c'est égal! J'étais content, et comme soulagé d'un poids énorme.

⁂

Il y a positivement un grand attrait dans le danger, et l'on est obligé de l'aimer, malgré tout. C'est une de ces fortes sensations qui vous fouettent, vous secouent, vous donnent à vous-même la mesure de ce que vous pouvez faire, de ce que vous valez réellement.

L'homme qui vit tout au dedans de nous et qu'on ne voit presque jamais, le danger le fait sortir, le déprisonne. Il brise les conventions bêtes de la vie, toutes ces barrières dont nous nous entourons ; et lui seul, mieux qu'aucune République, établit nettement l'idée d'égalité, de fraternité, peut-être aussi parce qu'il amène l'idée de mort. Jamais je n'ai vu autant de cordialité entre les hommes, une expansion aussi complète qu'en face du danger. Il semble qu'à la chaleur des mains serrées la fièvre du courage se communique ; et l'on sent qu'on en a tant besoin !...

C'est qu'il n'y a pas à dire, à cet attrait du danger se mêle toujours, même chez les plus braves, un serrement de cœur, une appréhension, ce mouvement en arrière que je fis si souvent, penché sur la terrasse de mon parc et qui me rendait le saut plus tentant chaque fois. L'habitude seule peut vous débarrasser de ces crises de faiblesse ; et encore l'habitude d'un danger ne vous bronze et ne vous rend fort que contre ce danger-là. En mer, par un gros temps, là où les matelots manœuvreront de sang-froid, habitués qu'ils sont au cri du vent, à l'effondrement des lames, un vieux troupier sorti de cent batailles pourra pâlir, frissonner, sans être un lâche pour cela. Lui, il est fait aux obus et aux balles. Il s'est habitué à l'idée de mourir étendu dans un champ, au rebord d'un fossé ; mais mourir noyé, se débattre dans ce bouleversement d'écume, de flots verts !... Du moins si on lui permettait de se mêler à la manœuvre, si on le mettait à une pompe, à une amarre.

Non ! il faut rester là, sur le pont, inutile et immobile devant ce danger inconnu. C'est terrible.

J'en parle peut-être comme un méridional que je suis, mais il me semble qu'en s'agitant, en se démenant, en s'entourant de gestes et de paroles, on a moins la sensation du danger. L'officier qui conduit ses hommes au feu, la voix et l'épée hautes : « Avancez donc N... D... D...! » a selon moi moins de peine à être brave que le pauvre lignard, silencieux, automatique dans le rang. En reconfortant ses soldats, il se reconforte lui-même.

.˙.

Oh! ce petit frisson, cette haleine du danger qui vient, quel est celui de nous qui ne l'a pas connu une fois? Cela passe comme une ombre sur les visages. En même temps les gestes s'affirment, se raidissent. On se tient, on est prêt. Attention, nous y voilà !... C'est alors qu'il fait bon regarder autour de soi, et que les effets du danger sont curieux à observer. Sur chacun il se traduit différemment. Il y a des gens qui deviennent bavards, qui semblent ne plus pouvoir retenir leurs paroles. D'autres, au contraire, serrent les dents, se recueillent. A côté de ceux qui rient nerveusement, il y en a que cette gaîté agace et qui trouvent que « c'est bête de rire comme ça... » A mesure que le danger approche, les traits pâlis se serrent dans une concentration de tout l'être. Les yeux se dilatent, les voix changent de diapason. On entend des voix de tête, blanches, blafardes, qui ont l'air de parler dans un cauchemar.

Mais ce ne sont pas seulement les êtres que le danger métamorphose. Il y a dans son atmosphère comme une sonorité, un vide étonnants; tout vibre, tout est sensible. Le paysage lui-même est atteint, changé, développé dans son côté mélancolique. En plein soleil, la sensation du danger donne tout à coup l'impression d'un demi-jour, d'un pâlissement de la lumière. Le ciel devient dramatique, la nature s'agrandit. Nous avons pu nous rendre compte de cela, nous tous qui au moment du siége nous sommes trouvés mêlés à quelque escarmouche aux environs de Paris. Cette campagne familière, ces gares, ces bords de Seine ou de Marne dont les talus sont usés aux pieds des promeneurs, nous faisaient l'effet d'un pays inconnu, ou plutôt transfiguré. Les enseignes d'auberges avaient l'air sinistre. Et ce n'étaient pas seulement les barricades, les terrassements, les ponts rompus, les fossés de grand'garde qui donnaient une physionomie nouvelle à toutes ces choses. C'était l'atmosphère du danger.

Je me suis retrouvé l'autre jour dans un petit coin de Marne où j'avais eu, pendant la guerre, cinq minutes de vrai danger, de grande émotion. Les roseaux du bord de l'eau, un mur blanc tout neuf, criblé de balles comme une plaque de tir, une gargote ruinée avec sa tonnelle en treillage, garnie de vignes, tout cela m'était resté dans les yeux, gravé en une seconde par cette vision si vive des choses qu'on a dans le péril ; et pourtant c'est à peine si j'ai reconnu l'endroit.

C'était bien toujours la même masure, le même petit mur blanc tout troué; mais il n'y avait plus de Saxons embusqués de l'autre côté de la Marne, et, le danger disparu, ce bord de l'eau qui m'avait paru si grand, si dramatique, ne m'a plus fait l'effet que d'un petit coin de paysage parisien, bien bourgeois, bien du dimanche.

* *

Mes amis, vive le danger! Il n'y a rien de tel encore pour tremper les âmes. Si les plus forts ont un frisson à son approche, quelle merveilleuse chaleur il vous laisse au cœur en s'en allant. Après cet appel à toutes nos forces vives, quelle expansion, quelle détente de tout l'être. Comme on rit bien! comme on est heureux de vivre! C'est la réaction d'un feu clair bien flambant après une route au grand froid.

Je ne l'ai jamais si bien éprouvée, cette réaction délicieuse, qu'une après-midi de dimanche, en entrant dans le port de Bonifacio. Nous venions d'avoir deux jours de gros temps, un vent, une mer, des mâts cassés, de l'eau plein la cale. C'était miracle de s'être tiré de là.

Aussi, comme il me parut beau ce petit port, qui tournait avec ses eaux dormantes entre d'immenses roches lisses et noires. Au fond, le quai plein de soleil, les maisons de la *marine* et une longue pente caillouteuse montant vers la ville. Tout en haut, une vieille église bâtie par les Templiers sur une large

9.

plateforme d'où l'on découvrait tout l'horizon. Nous arrivâmes là comme les vêpres finissaient... Il me sembla que de ma vie je n'avais respiré si largement. On ne voyait rien tout autour que la mer blanche d'écume, les côtes de Sardaigne, le détroit flottant dans la grande lumière. Nous entendions le bruit des lames avec la surprise de n'en plus sentir la secousse; et le vent passait sur nos têtes, toujours furieux et déchaîné, tandis que nous nous appuyions bien tranquilles à la plateforme... Je n'oublierai jamais cette après-midi de dimanche, ni le ravissement singulier que j'éprouvai à écouter les litanies qu'une confrérie de vieilles Bonifaciennes, enveloppées de mantes sombres, récitaient en faisant le tour de l'église, noires comme des hirondelles sur cet horizon bleu. Après le tumulte et l'émoi de la tempête, l'éclaboussement des coups de mer, ce calme, ces chants, ce chaud soleil!... J'éprouvais comme un trop plein de joie, de vie, un élargissement de l'horizon, de tout mon être, l'adorable sensation du danger passé...

LA MORT DU DUC DE M***

— ÉTUDE HISTORIQUE —

Je n'ai jamais vu quelqu'un s'en aller de la vie aussi stoïquement que cet épicurien. Ce fut une vraie sortie d'homme du monde, imprévue, rapide, discrète. Sans faner une fleur dans les grands escaliers du palais, sans casser une branche aux marronniers du jardin déjà verts de leurs nouvelles pousses, la maladie vint le trouver doucement, poliment, et en quelques jours tout fut dit. Du reste, aucune souffrance. Dans ces pièces luxueuses qui ont toujours un peu l'apparence d'une serre, avec leurs vitres larges au soleil et la chaleur douce des tentures, un matin de printemps il se mit à grelotter. Les médecins disaient : « Ce n'est rien. » La duchesse en passant lui jetait, dans une bouffée de cigarette, un petit : « Vous vous écoutez trop ! » sec et léger comme le bruissement de ses jupes de soie. Lui, sans répondre, se rapprochait du feu, cherchait le soleil de mars qui inondait sa chambre, et, déjà trop faible pour sortir, restait là à frissonner sous ses fourrures de renard bleu, en écoutant le roulement lointain des voitures et cette incessante clarinette du pont de la Concorde dont le voisinage le rendait si malheureux. Enfin, à bout de forces, il se coucha.

Alors seulement on commença à sentir la gravité de cette maladie si discrète et si douce. Dans les antichambres, les escaliers, on commençait à en parler. Les médecins plus sérieux se concertaient à l'écart. Le duc seul et la duchesse ne se doutaient encore de rien. Mais un jour, en s'éveillant, il vit un mince filet de sang qui coulait de sa bouche sur sa barbe et l'oreiller légèrement rougi. Ce délicat, cet élégant qui avait horreur de toutes les misères humaines, surtout de la maladie, la voyait arriver maintenant avec ses laideurs, ses faiblesses, et cet abandon de soi-même qui est comme la première concession faite à la mort. J'étais là. Je surpris ce coup d'œil furtif et navré, ce regard troublé tout à coup par une vision de la vérité terrible. Mais quoique se sentant irrévocablement frappé, il n'en laissa encore rien paraître. Pendant quelque temps il subit sans rien dire ces sourires menteurs, ces gaietés discordantes dont on entoure le chevet des malades. L'encouragement vague des médecins le trouvait confiant en apparence. Un soir pourtant, se sentant très-faible, il appela près de son lit l'ami le plus sûr, le plus intime : « Dis-moi la vérité... Je suis bien bas, n'est-ce pas ? »

« — Foutu, mon pauvre Auguste. »

Dans le premier silence de cette minute effroyable, pendant qu'on entendait à l'autre bout du palais la musique étouffée d'une petite sauterie intime chez la duchesse, ce qui retenait cet homme à la vie, puissance, honneurs, fortune, toute cette splendeur dut lui apparaître déjà lointaine, prête à s'évanouir comme dans un irrévocable passé. Quel arrachement ! Tout avoir et tout perdre... A l'instant même son parti fut pris. Les yeux fixés sur ce temps limité et si court qui lui restait à vivre, il s'appliqua à le bien remplir et ne songea plus qu'à toutes les obligations d'une mort comme la sienne qui ne doit laisser aucun dévouement sans récompense, ni compromettre aucun ami. On vida au feu tous les tiroirs secrets, des liasses de papiers jaunis, puis des paquets de lettres satinées, ornées de chiffres et d'armoiries de couleur tendre qui s'allumèrent vite comme les ruches d'une robe de bal. Il y avait là le billet de l'aventurière commençant par : « *Je vous ai vu passer hier au bois, monsieur le duc...* » et les plaintes des abandonnées, et l'écriture encore fraîche des récentes confidences. Après une grande flamme rose, tout ne fut plus que cendre fine sans le moindre parfum de boudoir ou de manchon.

Dans le palais, on sentait déjà ce désordre vague qui annonce un grand bouleversement. La porte était ouverte; des voitures roulaient à chaque instant sur le sable de la cour, comme un soir de réception. Les valets par groupes erraient dans les couloirs, dans les salons, désœuvrés et bavards, accoudés au marbre des cheminées. Des amis du duc s'interrogeaient anxieusement, les derniers venus effarés, curieux de nouvelles. Pas un indifférent dans cette foule. Ceux qui n'étaient pas frappés au cœur avaient peut-être encore plus de fièvre et d'inquiétude que les autres. Tout un monde d'ambitieux, de désappointés, s'agitait devant un véritable écroulement d'espérances détruites et de projets à refaire. Et que de comédies dans ce drame! Depuis le chevet du mourant où le valet de chambre, l'homme de la vie intime et de tous les secrets, venait mendier en pleurnichant quelques rouleaux de louis traînant dans les tiroirs, jusqu'aux antichambres où deux grands financiers, de ceux dont le duc avait fait la fortune, se parlaient à voix basse, atterrés et piteux, à côté d'une grande cage pleine de singes que tout ce bruit excitait et qui se cramponnaient aux barreaux avec des contorsions et des grimaces.

Enfin, voici les honneurs du dernier moment. L'archevêque de Paris que ce mondain sceptique a consenti à recevoir par égard pour le monde; puis deux grands personnages, devant qui tous les assistants s'inclinent et se retirent. L'homme s'approche du lit. Le duc et lui causent à voix basse. La femme s'agenouille avec des ferveurs d'Espagnole...

... Maintenant que tout est fini, sa dernière heure consacrée, ses derniers adieux terminés, le duc peut mourir et il meurt.

Je suis entré dans sa chambre le lendemain matin.

Cette chambre où tant d'ambitions avaient senti grandir leurs ailes, où s'agitèrent tant d'espoirs et de déconvenues, était toute au silence et à la solitude de la mort qui passe. Le duc sur son lit, la figure rigide, vieillie, transformée par la barbe qui a poussé toute grise en une nuit. Un prêtre, une religieuse, et cette atmosphère de la veillée mortuaire, où se mêlent la fatigue des nuits blanches et les chuchotements de la prière et de l'ombre... La journée commençait à peine, et déjà derrière les masses vertes du jardin, on entendait là-bas, vers le pont de la Concorde, une petite clarinette aigre et vive, dominant le bruit des voitures... Je l'ai revue plus lugubre encore cette chambre de mort. Les fenêtres grandes ouvertes. La nuit et le vent du jardin entrant librement dans un grand courant d'air. Une forme blanche sur un tréteau. C'était le corps qu'on venait d'embaumer. La tête creuse, remplie d'une éponge, la cervelle dans un baquet. Le poids de cette cervelle était vraiment extraordinaire. Elle pesait... Elle pesait... Les journaux du temps ont donné le chiffre, mais qui s'en souvient aujourd'hui?

UN NABAB

— ÉTUDE HISTORIQUE —

Qui s'en occupe encore, de ce pauvre nabab? Qui se souvient même de son nom? Cette bonne grosse face de Kalmouck, épatée et bouffie, qu'on voyait, les soirs de première, sortir de l'ombre des avant-scènes entre deux épaules hautes et larges, y a-t-il seulement un Parisien qui se la rappelle? Ça été cependant une des physionomies à la mode des dernières années de l'empire, et l'on ne peut pas ouvrir un journal de ce temps-là sans que ce nom plébeien et fastueux nous apparaisse entouré de tous ses millions comme d'une fantastique auréole. J'ai justement sous les yeux un article de Jules Lecomte annonçant en de longs alinéas dithyrambiques l'arrivée du nabab à Paris. Il faut voir avec quelle verve la chronique parisienne d'alors tirait toutes ses salves d'honneur pour la felouque dorée qui s'en venait d'Orient chargée de galions.

L'histoire de ces richesses fabuleuses, personne ne la savait précisément. Ce qu'on en disait ressemblait à un de ces vieux récits du dix-huitième siècle, où il est question de corsaires barbaresques courant les mers latines, de Beys, de renégats et de petits Provençaux bruns comme des grillons, qui finissent toujours par épouser quelque sultane et *prendre le turban*, comme disent les Marseillais. Notre nabab, lui, n'avait pas eu besoin de prendre le *turban* pour s'enrichir. Il s'était contenté d'apporter, en ces pays d'indolence et de lâchez-tout, son activité, sa souplesse, son intelligence de Français du Midi, et en quelques années il était arrivé à faire une de ces fortunes comme on n'en fait que là-bas, dans ces diables de pays chauds où tout est gigantesque, hâtif, disproportionné, où les fleurs poussent en une nuit, où un arbre produit une forêt. L'excuse de fortunes pareilles est dans l'usage qu'on sait en faire. Notre homme l'avait compris; et sa générosité, fameuse aux bords du Nil, était excessive comme sa richesse.

Malheureusement à Paris ce n'est pas comme en Orient. Pour être riche, il faut savoir, avoir l'habitude. Si le milieu est mauvais, le courant faux, la générosité devient du gaspillage, le luxe du mauvais goût, et toutes ces splendeurs disparates, mal combinées, ont l'air des toilettes de créoles, où les dentelles les plus authentiques, les diamants les plus purs arrivent à un effet de clinquant et de verroteries par la bizarrerie de leur assemblage. C'est un peu l'histoire du nabab. En arrivant à Paris il vint occuper sur un grand boulevard à peine achevé, un superbe appartement blanc et or, tout en boiseries et en arcades. Cela avait le tort d'être trop neuf et de trahir une récente fortune. Pas un meuble choisi, pas une table à sa place: j'entends la place commode, habituelle. Rien qui sentît le chez soi. Les domestiques eux-mêmes — têtes de dentistes ou de garçons de bains — avaient l'air entrés de la veille et prêts à partir le lendemain. Peut-être l'idée de voyage, planant au-dessus de ce luxe, dont la source était si lointaine, apportait encore comme un élément d'en l'air, de camp volant, et donnait à cet intérieur bizarre l'aspect d'un salon de paquebot.

Du reste, le monde qui venait là était bien du monde de *steam-boat*. Des passagers plutôt que des invités. Vous rencontriez chez le nabab, comme sur le pont du *Sinaï* ou du *Péreire*, d'illustres Orientaux qu'on ne revoyait jamais plus, des princes turcs, des généraux cochinchinois, des redingotes persanes boutonnées jusqu'au menton, des fez tunisiens, des voix de nez, des airs un peu gauches. A ce personnel étranger se mêlait une bohème parisienne et multicolore, les aventuriers de la Seine, des marquis décavés, des industriels vagues, des inventeurs de choses bizarres, des philosophes humanitaires, deux ou trois photographes, un professeur de massage. Il ne savait pas, ce nabab. On est si peu difficile en Orient comme relations! Pour lui c'était le monde parisien, cela.

Pauvre homme! Il lui avait manqué, tout de suite en débarquant, de mettre la main sur un bon cicérone de boulevard, un Nestor Roqueplan quelconque qui l'eût initié aux mystères de la haute vie parisienne, lui eût choisi ses chevaux, sa livrée, son cuisinier et ses convives. En fait de cicérone, il ne trouva que des exploiteurs. C'était curieux vraiment d'assister à un de ses déjeuners. Les gens s'y regardaient du coin de l'œil, mangeaient fiévreusement, parlaient sans penser, tous en proie à une idée fixe, l'idée d'emprunter de l'argent. Sitôt la dernière bouchée, le nabab ne s'appartenait plus. Chacun de ses invités voulait l'avoir pour soi tout seul. On se l'arrachait, on l'entraînait dans les coins, au fond des salons écartés; mais il se trouvait toujours quelque glace indiscrète pour vous renvoyer la silhouette du maître de maison aux prises avec ses emprunteurs, et la mimique énergique de son large dos. Ce dos à lui seul était d'une éloquence!... Tantôt il se redressait avec indignation: — « Oh! non... c'est trop... » ou bien il s'affaissait dans un découragement comique. — « Allons!... puisqu'il le faut. » Et on voyait le pauvre homme écrire un mot au crayon sur un bout de table. Puis, quand il revenait, les intimes pouvaient surprendre dans son gros œil si bienveillant une expression demi-triste, demi-bouffonne, qui semblait dire: « Si vous croyez que c'est une petite affaire d'être nabab! »

Mais ces révoltes duraient peu, et l'instant d'après, pour payer cinq cents francs un billet de concert qui n'en valait pas dix, il sortait de sa poche de l'or, des billets à poignée et à tas comme un marchand de bœufs ; ou mettait son nom à la tête de quelque bonne œuvre, en regard d'un chiffre dont l'exagération prouvait encore plus d'ignorance que de vanité. Le diable, c'est que les détresses vraies ou fausses qu'il secourait ainsi imprudemment en amenaient d'autres, et qu'à sa porte la file des emprunteurs se renouvelait tous les jours.

Malgré tout, sa fortune était si considérable que cette pluie de sauterelles n'aurait pas pu en venir à bout. Malheureusement il voulut entrer dans la vie politique, viser la députation. A tout le monde ces fantaisies-là coûtent toujours très cher ; vous pensez ce que ce dut être pour le nabab. Il s'agissait d'avoir le gouvernement, les journaux, les électeurs. Alors une nouvelle nuée d'exploiteurs s'abattit sur cette triste maison, dont les tentures, les meubles, se fanaient sans gloire, encore neufs, et déjà usés, passés, fripés, comme un wagon de première classe, où l'on s'étale négligemment. Aux parasites ordinaires vinrent se joindre les agents électoraux, des provinciaux sans gêne et bruyants, dévoués jusqu'à l'imprudence, mais ayant tous quelque chose à demander.

C'est pour le coup qu'il y eut des colloques dans les salons écartés et que le dos du nabab accentua sa mimique. Encore ces gens-là n'étaient pas les plus terribles. Il y avait aussi les protecteurs, les conseillers, des personnages mystérieux, des messieurs parfumés à favoris blonds qui disaient d'un air confidentiel :

« J'ai vu la personne hier... Le duc vous attend demain. »

Et l'infortuné nabab s'inclinait, souriait obséquieusement, et tout ce monde mangeait, buvait, fricotait, carottait. Les plus honnêtes mettaient des cigares dans leurs poches.

Ceci est historique : on a fumé dans la maison, cette année-là, pour *vingt-cinq mille francs* de cigares.

C'est égal ! le bonhomme était content. Son élection marchait bien, si bien qu'en arrivant à la Chambre il vit se lever de dessous terre, à la hauteur de ses débuts, une foule d'ennemis, d'envieux, d'emprunteurs éconduits, de rivaux exaspérés. Sa vie fut fouillée, retournée comme un gant. On l'accusa d'avoir fait tous les métiers, même les plus honteux. Un journal alla jusqu'à affirmer qu'il avait tenu un... comment dirai-je ?... ce que les Chinois appellent un bateau de fleurs.

L'article, promené dans les couloirs de la Chambre, y causa un scandale horrible, à la suite duquel le rapporteur de la commission vint fulminer en pleine Assemblée un réquisitoire contre l'élection du nabab. Le malheureux écouta jusqu'au bout, les yeux baissés, sans interrompre.

Puis, tout à coup, il se leva, pâle d'indignation, et devant toutes ces têtes tournées vers lui, tous ces sourires ironiques, ce rustique, ce parvenu, sans lecture, sans éducation, avec son accent du Midi, sa voix enrouée de marinier du Rhône, trouva des paroles d'une éloquence incomparable, telles que Berryer — le vieux Berryer qui était là à écouter, avec son grand gilet nankin — n'en a peut-être jamais trouvé de plus belles dans sa vie. C'était quelque chose de fruste, d'inculte, de sauvage, mais en même temps de si sincère que tout le monde était ému. Et comment ne pas l'être, en voyant ce brave homme se débattre au milieu de ce flot montant de haines, de calomnies qui l'entouraient de partout sans un nom, sans un visage à qui il pût dire : « Vous mentez. » Pour moi, je n'oublierai jamais l'accent de rage et de désespoir dont il criait, crispant ses poings : « Oh ! messieurs, j'ai été pauvre...

Je savais ce que c'était que la misère ; mais je n'aurais jamais cru que la fortune fût encore plus terrible à porter. »

Si je n'ai pas retenu les paroles exactes, au moins j'ai gardé l'impression de cette défense suprême où les tremblements d'une voix inhabile aux discours ajoutaient l'émotion honnête et profonde. Cela fut bien compris, car un tonnerre d'applaudissements éclata dans la salle. Mais les ennemis du nabab étaient puissants. Son élection fut cassée. Il s'entêta, se présenta encore. Il eut beau faire, semer son argent, acheter des journaux, commanditer des entreprises locales désastreuses, il ne fut pas réélu. Ce fut pour lui un coup terrible, qui ruina son crédit en Orient, tarit les sources de sa fortune. La chute de l'empire acheva de le perdre ; puis un beau jour, pouf !... il plongea et on ne le revit plus.

Paris a été bien injuste pour cet homme-là.

MOEURS PARISIENNES

I

— LE SINGE —

Samedi, soir de paye. Dans cette fin de journée, qui est en même temps une fin de semaine, on sent déjà le dimanche arriver. Tout le long du faubourg, ce sont des cris, des appels, des poussées à la porte des cabarets. Parmi cette foule d'ouvriers qui déborde du trottoir et suit la grande chaussée en pente, une petite ombre se hâte furtivement, remontant le faubourg en sens inverse. Serrée dans un châle trop mince, sa petite figure hâve encadrée d'un bonnet trop grand, elle a l'air honteux, misérable, et si inquiet. Où va-t-elle? Qu'est-ce qu'elle cherche?... Dans sa démarche pressée, dans son regard fixe qui semble la faire aller plus vite encore, il y a cette phrase anxieuse : « Pourvu que j'arrive à temps !... » Sur sa route on se retourne, on ricane. Tous ces ouvriers la connaissent, et, en passant, accueillent sa laideur d'un affreux surnom : « Tiens ! le singe... Le singe à Valentin qui va chercher son homme. » Et ils l'excitent : « Kss... ks... Trouvera, trouvera pas... » Sans rien entendre, elle va, elle va, oppressée, haletante, car cette rue qui mène aux barrières est bien dure à monter.

Enfin la voilà arrivée. C'est tout en haut du faubourg, au coin des boulevards extérieurs. Une grande usine... On est en train de fermer les portes. La vapeur des machines, abandonnée au ruisseau, siffle et s'échappe avec un bruit de locomotive à l'arrêt. Un peu de fumée monte encore des hautes cheminées, et l'atmosphère chaude, qui flotte au-dessus des bâtiments déserts, semble la respiration, l'haleine même du travail qui vient de finir. Tout est éteint. Une seule petite lumière brille encore au rez-de-chaussée, derrière un grillage, c'est la lampe du caissier. Voici qu'elle disparaît, juste au moment où la femme arrive. Allons ! C'est trop tard. La paye est finie... Comment va-t-elle faire maintenant? Où le trouver pour lui arracher sa semaine, l'empêcher de la boire!... On a tant besoin d'argent à la maison. Les enfants n'ont plus de bas. Le boulanger n'est pas payé... Elle reste affaissée sur une borne, regardant vaguement dans la nuit, n'ayant plus la force de bouger.

*
* *

Les cabarets du faubourg débordent de bruit et de lumière. Toute la vie des fabriques silencieuses s'est répandue dans les bouges. A travers les vitres troubles où les bouteilles rangées mêlent leurs couleurs fausses, le vert vénéneux des absinthes, le rose des bitters, les paillettes d'or des eaux-de-vie de Dantzick, des cris, des chants, des chocs de verres viennent jusque dans la rue avec le tintement de l'argent jeté au comptoir par des mains noires encore de l'avoir gagné... Les bras lassés s'accoudent sur les tables, immobilisés par l'abrutissement de la fatigue; et, dans la chaleur malsaine de l'endroit, tous ces misérables oublient qu'il n'y a pas de feu au logis, et que les femmes et les enfants ont froid...

Devant ces fenêtres basses, seules allumées dans les rues désertes, une petite ombre passe et repasse craintivement... Cherche, cherche, pauvre singe... Elle va d'un cabaret à l'autre, se penche, essuie un coin de vitre avec son châle, regarde, puis repart, toujours inquiète, fiévreuse... Tout à coup, elle tressaille. Son Valentin est là, en face d'elle. Un grand diable, ma foi ! bien découplé dans sa blouse blanche, fier de ses cheveux frisés et de sa tournure d'ouvrier beau garçon. On l'entoure, on l'écoute. Il parle si bien, et puis c'est lui qui paie... Pendant ce temps le pauvre singe est là dehors qui grelotte, collant sa figure aux carreaux où dans un grand rayon de gaz la table de son ivrogne se reflète, chargée de bouteilles et de verres, avec les faces égayées qui l'entourent.

Dans la vitre, la femme a l'air d'être assise au milieu d'eux, comme un reproche, un remords vivant... Mais Valentin ne la voit pas. Pris, perdu dans ces interminables discussions de cabaret, renouvelées à chaque verre et pernicieuses pour la raison presque autant que ces vins frelatés, il ne voit pas cette petite mine tirée, pâle, qui lui fait signe derrière les carreaux, ces yeux tristes qui cherchent les siens... Elle de son côté n'ose pas entrer. Venir le chercher là devant les camarades, ce serait lui faire affront. Encore si elle était jolie, mais elle est si laide...

*
* *

Ah! comme elle était fraîche et gentille, quand ils se sont connus, il y a dix ans. Tous les matins, lorsqu'il partait à son travail, il la rencontrait allant au sien, pauvre, mais parant honnêtement sa misère; coquette à la façon de cet étrange Paris où l'on vend des rubans et des fleurs sous les voûtes noires des portes cochères. Ils se sont aimés tout de suite en croisant leurs regards; mais comme ils n'avaient pas d'argent, il leur a fallu attendre bien longtemps avant de se marier. Enfin la mère du garçon a donné un matelas de son lit, la mère de la fille en a fait autant; et puis, comme la petite était très-aimée, il y a eu une collecte à l'atelier et leur ménage s'est trouvé monté.

La robe de noce prêtée par une amie, le voile loué chez un coiffeur, ils sont partis un matin, à pied, par les rues, pour se marier. A l'église il a fallu attendre la fin des messes d'enterrement, attendre aussi à la mairie pour laisser passer les mariages riches... Alors il l'a emmenée en haut du faubourg, dans une chambre carrelée et triste, au fond d'un long couloir plein d'autres chambres bruyantes, sales, querelleuses. C'était à dégoûter d'avance du ménage ! Aussi leur bonheur n'a pas duré longtemps. A force de vivre avec des ivrognes, lui s'est mis à boire comme eux. Elle, en voyant pleurer les femmes, a perdu tout son courage ; et pendant qu'il était au cabaret, elle passait tout son temps chez les voisines, apathique, humiliée, berçant d'interminables plaintes l'enfant qu'elle tenait sur ses bras. C'est comme cela qu'elle est devenue si laide, et que cet affreux surnom de « singe » lui a été donné dans les ateliers.

*
* *

La petite ombre est toujours là, qui va et vient devant les vitres. On l'entend marcher lentement dans la boue du trottoir, et tousser d'une grosse toux creuse, car la soirée est pluvieuse et froide... Combien de temps va-t-elle attendre ? Deux ou trois fois déjà elle a posé la main sur le bouton de la porte, mais sans oser ouvrir. A la fin, pourtant, l'idée que les enfants n'ont rien pour manger lui tient lieu de courage. Elle entre... Mais, à peine le seuil franchi, un immense éclat de rire l'arrête court. « Valentin, v'là le singe!... » Elle est bien laide, en effet, avec ses loques qui ruissellent de pluie, toutes les pâleurs de l'attente et de la fatigue sur les joues...

« Valentin, v'là le singe! » Tremblante, interdite, la pauvre femme reste sans bouger. Lui, s'est levé, furieux. Comment! elle a osé venir le chercher là, l'humilier devant les camarades... Attends, attends... tu vas voir... Et terrible, le poing fermé, Valentin s'élance. La malheureuse se sauve en courant, au milieu des huées. Il franchit la porte derrière elle, fait deux bonds et la rattrape au tournant de la rue... Tout est noir, personne ne passe. Ah! pauvre singe...

Eh bien! non... Loin des camarades, l'ouvrier parisien n'est pas méchant. Une fois seul en face d'elle, le voilà faible, soumis, presque repentant. Maintenant ils s'en vont tous deux bras dessus bras dessous, et pendant qu'ils s'éloignent, c'est la voix de la femme qu'on entend s'élever dans la nuit, furieuse, plaintive, enrouée de larmes... Le singe prend sa revanche.

II

— LE COULOIR DES JUGES D'INSTRUCTION —

Je ne sais pas si c'est l'habitude qui me manque, mais je n'ai jamais pu entrer au Palais-de-Justice sans un malaise, une angoisse au cœur inexplicables. Cette grille, ces grandes cours, cet escalier de pierre si vaste que chacun le monte isolé, enveloppé dans son propre tourment ; l'ancienneté des bâtiments, l'horloge triste, la hauteur des fenêtres, et aussi le brouillard du quai, cette humidité attachée aux murs qui longent l'eau, tout vous donne un avant-goût de la prison voisine. Dans les salles, l'impression est la même, plus vive encore à cause du monde particulier qui les peuple, de ces longues robes noires qui font le geste solennel, accusateur, et du grimoire, de l'éternel grimoire étalé partout sur les tables, entassé sous les bras en liasses énormes, débordantes...

Il y a de grandes portes vertes, sourdes et mystérieuses, d'où s'échappent — quand elles s'entr'ouvrent — des bouffées de voix sévères ou pleurardes, et des visions de bancs d'école, d'estrades noires de toques, de grands christs penchés en avant. Des fusils sonnent sur les dalles. De sinistres roulements de voitures passent, ébranlant les voûtes. Tous ces bruits se confondent, font comme une respiration, un halètement d'usine, l'appareil de la justice qui fonctionne. Et en l'entendant fonctionner, cette terrible machine, on a envie de se serrer, de se faire tout petit de peur d'être pris, seulement par un cheveu, dans ce formidable engrenage, tant on le sait compliqué, tenace, flétrissant...

Je pensais à cela l'autre matin, en allant voir un juge d'instruction à qui j'avais un pauvre diable à recommander. La salle des témoins, où j'attendais, était pleine de monde. Il y avait là des huissiers, des expéditionnaires en train de grossoyer derrière un vitrage, des gens convoqués se chuchotant d'avance leurs dépositions, des femmes du peuple impressionnées et bavardes qui racontaient à l'huissier toute leur existence pour en arriver à l'affaire qui les avait amenées. Près de moi, une porte ouverte éclairait le couloir des juges d'instruction, sombre couloir qui mène à tout, même à l'échafaud, et d'où les prévenus sortent en accusés. Quelques-uns de ces malheureux, amenés là sous bonne escorte par l'escalier de la Conciergerie, traînaient sur des bancs en attendant leur tour d'être interrogés, et c'est dans cette antichambre du bagne que j'ai surpris un dialogue d'amoureux, une idylle faubourienne aussi passionnée que l'oarystis, mais plus navrante... Oui, au milieu de cette ombre, où tant de criminels ont laissé un peu de leurs frissons, de leurs espoirs et de leurs rages, j'ai vu deux êtres s'aimer, se sourire; et si bas que fût cet amour, si fané que fût ce sourire, le vieux couloir dut en être aussi étonné qu'une rue de Paris fangeuse et noire, que traverserait un roucoulement de tourterelle.

Dans une attitude désœuvrée, presque inconsciente, une fillette était assise au coin d'un banc, tranquille comme une ouvrière qui attend le prix de sa journée. Elle portait le bonnet d'indienne, le costume triste de Saint-Lazare avec un air de repos et de santé, comme si le régime de la prison était encore ce qu'elle eût rencontré de meilleur dans sa vie. Le garde de Paris, qui se tenait à côté d'elle, paraissait la trouver fort à son goût, et ils riaient ensemble tout bas. À l'autre bout du couloir, tout à fait dans l'ombre, était assis menottes au poing le Desgrieux de cette Manon. Elle ne l'avait pas vu d'abord ; mais sitôt que ses yeux furent faits à l'obscurité, elle l'aperçut et tressaillit : « Mais c'est Pignou… hé ! Pignou !… »

Le garde de Paris la fit taire. Il est expressément défendu de laisser les prévenus causer entre eux.

— « Oh ! je vous en prie, rien qu'un mot ! » disait-elle en se penchant toute vers le fond du couloir. Mais le soldat restait inflexible : « Non… non…, ça ne se peut pas… seulement si vous avez quelque commission à lui faire; dites-la moi, je la lui répéterai. »

Alors un dialogue s'engagea entre cette fille et son Pignou, avec le garde de Paris pour interprète.

Très-émue, sans aucun souci de ceux qui l'entouraient, elle commença : « Dites-y bien que j'ai jamais aimé que lui, que j'en aimerai jamais un autre dans ma vie. »

Le garde fit quelques pas dans le couloir, et redoublant de gravité comme pour enlever à sa démarche ce qu'elle avait de trop complaisant, il répéta : « Elle dit qu'elle n'a jamais aimé que vous, et qu'elle n'en aimera jamais un autre. »

J'entendis un grognement, un balbutiement confus qui devait être la réponse de Pignou, puis le garde de Paris revint à pas comptés vers le banc...

« — Qu'est-ce qu'il a dit ? » demanda l'enfant tout anxieuse, et comme c'était trop long : « Mais dites-moi donc ce qu'il a dit, voyons ? »

— Il a dit qu'il était bien malheureux !...

Alors, emportée par son attendrissement et ses habitudes de rue bruyantes et communicatives, elle cria tout haut : « T'ennuie pas, m'ami... les beaux jours reviendront ! » Et il y avait, dans cette voix encore jeune, quelque chose de pitoyable, de presque maternel. C'était bien la femme du peuple avec son courage à la peine et son dévouement de chien battu.

Au fond du couloir, une voix répondit, la voix de Pignou, avinée, déchirée, brûlée par l'alcool : « Va donc ! les beaux jours... J'en ai pour mes cinq ans...» C'est qu'il connaissait bien son affaire, celui-là !...

Les gardes criaient : « Chut !... taisez-vous... » Mais trop tard.

Une porte s'était ouverte, et le juge d'instruction lui-même parut au seuil.

Calotte de velours, favoris grisonnants, la bouche mince, mauvaise, l'œil scrutateur, méfiant, mais pas profond, c'était bien le type du juge d'instruction, un de ces hommes qui croient toujours avoir un criminel devant eux, comme ces médecins de fous qui voient partout des maniaques. Celui-là surtout a une certaine façon de vous regarder si gênante, si injurieuse, qu'on se sent coupable sans avoir rien fait. D'un coup d'œil, il terrifia tout le couloir : « Qu'est-ce que c'est qu'un train pareil?... Tâchez donc de faire un peu mieux votre service, » dit-il en s'adressant aux gardes, puis il referma sa porte d'un coup sec.

Le municipal pris en faute, rouge, honteux, chercha un moment à qui il pourrait bien s'en prendre. Mais la petite ne disait plus rien, Pignou se tenait coi sur son banc... Tout à coup il m'aperçut, et comme j'étais à la porte de la salle, presque dans le couloir, il me prit par le bras et me fit pirouetter brutalement. « Qu'est-ce que vous fichez là, vous?... »

III

LE PHOTOGRAPHE

Comme ils avaient l'air d'un tout petit ménage et que leur mobilier tenait dans une charrette à bras, on leur a fait payer le loyer d'avance. Un loyer d'essuyeurs de plâtres, car ils habitent le cinquième d'une maison toute neuve, sur un de ces grands boulevards inachevés, pleins d'écriteaux, de gravats, de terrains vides entourés de planches. Il y a une odeur de peinture fraîche dans ces trois petites pièces très-éclairées d'une lumière droite, qui rend plus saisissante la nudité des murs. Voici d'abord l'atelier avec son vitrage grand comme une cloche à melon, sa cheminée à la prussienne sombre et froide, et un petit feu de coke tout préparé qu'on n'allumera que s'il vient du monde. Les photographies de la famille sont accrochées au mur : le père, la mère, les trois enfants, assis, debout, enlacés, séparés, dans toutes les poses possibles; puis quelques monuments, des vues de campagne mangées de soleil. Cela date du temps où ils étaient riches, et où le père faisait de la photographie pour s'amuser. Maintenant la ruine est arrivée, et n'ayant pas d'autre métier sous la main, il essaie de s'en faire un avec son passe-temps du dimanche.

L'appareil, que les enfants entourent d'une admiration craintive, occupe la place d'honneur, au milieu de l'atelier, et dans ses cuivres flambants neufs, ses gros verres bombés et clairs, semble avoir absorbé tout le luxe, toute la splendeur du pauvre petit logis. Les autres meubles sont vieux, cassés, vermoulus et si rares! La mère a une méchante robe de soie noire, fripée, un bout de dentelle sur la tête, la tenue d'un comptoir où les chalands ne viennent guère. Le père, lui, par exemple, s'est payé une belle toque à l'artiste, une veste en velours pour impressionner le bourgeois. Sous cette défroque reluisante, avec son grand front lunaire, plein d'illusions, ses yeux étonnés et bonasses, il a l'air aussi neuf que son appareil. Et comme il s'agite, le pauvre homme! Et comme il se prend au sérieux! Il faut l'entendre dire aux enfants: « N'entrez pas dans la chambre noire. » La chambre noire ! on croirait l'antre d'une pythonisse... Au fond, le malheureux est très-troublé. Le loyer payé, le bois, le charbon, il ne reste plus un sou en caisse. Et si les clients ne montent pas, si la vitrine d'exposition qui est en bas au coin de la porte n'accroche personne au passage, qu'est-ce que les petits mangeront ce soir?... Enfin, à la garde de Dieu. L'installation est terminée. Il n'y a plus rien à préparer, à faire reluire. A présent tout dépend du passant.

Minutes d'attente et d'angoisse. Le père, la mère, les enfants, tout le monde est sur le balcon, à guetter. Parmi tant de gens qui circulent, il se trouvera bien un amateur, que diable !... Mais non. La foule va, vient, se croise le long du trottoir. Personne ne s'arrête. Si pourtant. Voilà un monsieur qui s'approche de la vitrine. Il regarde les portraits l'un après l'autre; il a l'air content, il va monter. Les enfants enthousiasmés parlent déjà d'allumer le poêle. — « Attendons encore, » dit la mère prudemment. Et comme elle a bien fait ! Le monsieur continue sa route en flânant. Une heure, deux heures. Le jour devient moins clair. Il y a de gros nuages qui passent. Pourtant à cette hauteur, on pourrait faire encore d'excellentes épreuves. A quoi bon, puisque personne ne vient? A chaque instant ce sont des émotions, des fausses joies, des pas qu'on entend dans l'escalier, qui arrivent tout près de la porte, puis s'éloignent brusquement. Une fois même on a sonné. C'est quelqu'un qui demandait l'ancien locataire. Les figures s'allongent, les yeux s'emplissent de larmes. — « Ce n'est pas possible, dit le père... Il faut qu'on ait décroché notre cadre... va donc voir, petit. » Au bout d'un moment, l'enfant remonte, consterné. Le cadre est toujours à sa place, mais c'est comme s'il n'y était pas. Personne n'y fait attention.

D'ailleurs, il pleut... En effet, sur le vitrage de l'atelier, la pluie commence à tomber avec un petit bruit narquois. Le boulevard est noir de parapluies. On rentre, on ferme la fenêtre. Les enfants ont froid; mais on n'ose pas allumer le poêle qui contient sa dernière bouchée de charbon. Consternation générale. Le père marche à grands pas, les poings crispés. Pour qu'on ne la voie pas pleurer, la mère se cache dans la chambre... Soudain un des enfants, qui a profité d'une éclaircie pour passer sur le balcon, tape vivement aux carreaux : « Papa, papa... Il y a quelqu'un en bas à l'étalage. » Il ne s'est pas trompé. C'est une dame, une dame très-bien, ma foi ! Elle regarde un moment les photographies, hésite, lève la tête... Ah ! si toutes les paires d'yeux braqués de là-haut sur elle avaient un brin d'aimant, comme elle grimperait l'escalier quatre à quatre... Enfin la dame se décide. Elle entre, elle monte. La voilà. Vite l'allumette sous le feu, les petits dans la pièce à côté. Et pendant que le père rajuste sa toque, la mère se précipite pour ouvrir, émue, souriante, avec le froufrou modeste de sa vieille robe de soie.

« — Oui, madame, c'est bien ici... » On s'empresse, on la fait asseoir. C'est une personne du Midi, un peu bavarde, mais bien complaisante, et pas avare du tout de son profil. La première épreuve est manquée. Eh bien ! on la recommencera, té ! pardi !... Et sans la moindre mauvaise humeur, la dame du Midi remet son coude sur la table et son menton dans sa main. Pendant que le photographe dispose les plis de la jupe, les rubans du bonnet, on entend des rires étouffés, des poussées contre la petite porte vitrée. Ce sont les enfants qui se bousculent pour regarder leur père passant sa tête sous le drap vert de l'appareil et restant là sans bouger comme une bête de l'Apocalypse avec un gros œil transparent. Oh! quand ils seront grands, ils se feront tous photographes... Enfin voici une bonne épreuve que l'opérateur apporte en triomphe, toute ruisselante. Dans ce blanc et ce noir la dame se reconnaît, commande douze cartes, les paye d'avance et sort enchantée...

Elle est partie, la porte est fermée. Vive la joie! Les enfants délivrés dansent en rond autour de l'appareil. Le père, très-ému de sa première opération, s'essuie le front majestueusement ; puis, comme la journée touche à sa fin, la mère descend bien vite chercher le dîner, un bon petit dîner d'extra en l'honneur de la crémaillère, et aussi — car il faut de l'ordre — un grand registre à dos vert sur lequel on écrit en belle ronde le jour de la livraison, le nom de la dame du Midi et le chiffre de l'encaisse : douze francs! Il est vrai de dire que grâce au pâté, au saint-honoré avec lesquels on a fêté la crémaillère, grâce encore à quelques petites provisions de chauffage, de sucre, de bougies, le chiffre des dépenses est juste égal à celui des recettes. Mais bah! si on a fait douze francs aujourd'hui, un jour de pluie, d'installation, jugez un peu ce qu'on fera demain. Et la soirée se passe en projets. C'est incroyable ce qu'il peut tenir de projets dans un petit appartement de trois pièces, au cinquième, sur le devant!...

Le lendemain, un temps superbe, et personne. Pas un client de tout le jour. Qu'est-ce que vous voulez? C'est le commerce, cela. D'ailleurs il reste un peu de pâté, et les enfants ne se couchent pas le ventre vide. Le surlendemain rien encore. Les stations sur le balcon recommencent de plus belle, mais sans succès. La dame du Midi revient chercher sa douzaine, et c'est tout. Ce soir-là, pour avoir du pain on a été obligé d'engager un des matelas... Deux jours, trois jours se passent ainsi. Maintenant c'est la vraie détresse. Le malheureux photographe a vendu sa toque en velours, sa vareuse; il ne lui reste plus qu'à vendre son appareil, et à entrer garçon de magasin quelque part. La mère se désole, les enfants découragés ne vont même plus regarder sur le balcon.

Tout à coup, un samedi matin, au moment où ils s'y attendent le moins, voilà qu'on sonne. C'est une noce, toute une noce, qui a monté les cinq étages pour se faire photographier. Le marié, la mariée, la demoiselle et le garçon d'honneur, braves gens n'ayant mis qu'une paire de gants dans leur vie et tenant à en éterniser le souvenir. Ce jour-là on fait trente-six francs. Le lendemain le double. C'est fini. La photographie est installée... Et voilà un des mille drames du petit commerce parisien.

IV

LE PÈRE ACHILLE

Midi sonne aux cloches des fabriques; les grandes cours silencieuses s'emplissent de bruit et de mouvement.

La mère Achille quitte son ouvrage, la fenêtre où elle était assise, et se dispose à mettre son couvert. L'homme va monter pour déjeuner. Il travaille là

tout près dans ces grands ateliers vitrés qu'on aperçoit encombrés de pièces de bois, et où grincent du matin au soir les instruments des scieurs de long...
La femme va et vient de la chambre à la cuisine. Tout est soigné, tout reluit dans cet intérieur d'ouvrier. Seulement la nudité des deux petites pièces est plus frappante à ce jour éclatant du cinquième étage. On voit des cimes d'arbres, les buttes Chaumont tout en haut, et çà et là de longues cheminées de briques noircies au bord, toujours actives. Les meubles sont cirés, frottés. Ils datent du mariage, comme ces deux bouquets de fruits en verre qui ornent la cheminée. On n'a rien acheté depuis, parce que, pendant que la femme tirait courageusement son aiguille, l'homme dépensait ses journées dehors. Tout ce qu'elle a pu faire, ça été de soigner, d'entretenir le peu qu'ils avaient.

Pauvre mère Achille! encore une qui a eu des tristesses dans son ménage. Les premières années surtout ont été bien dures. Un mari coureur, ivrogne, pas d'enfants, obligée par son métier de couturière à vivre toujours enfermée, toujours seule dans le silence et l'ordre monotone d'une maison sans enfants où il n'y a pas de petites mains pour brouiller les pelotons, ni de ces petits pieds qui font tant de poussière et de joli train. C'est cela surtout qui l'ennuyait; mais, comme elle était très courageuse, elle s'est consolée en travaillant. Peu à peu, le mouvement régulier de l'aiguille a calmé son chagrin, et l'intime contentement du travail fini, d'une minute de repos au bout d'une journée de peine lui a tenu lieu de bonheur. D'ailleurs, en vieillissant, le père Achille a bien changé. Il boit tout de même toujours plus que sa soif; mais après il se reprend mieux à son travail. On sent qu'il commence à la craindre un peu cette brave femme qui a pour lui des tendresses et des sévérités de mère. Quand il est ivre, il ne la bat plus jamais; et même de temps en temps, honteux de lui avoir fait une jeunesse si triste, il l'emmène promener le dimanche aux Lilas ou à Saint-Mandé.

Le couvert est mis, la chambre en ordre. On frappe. « Entre donc!... La clef est sur la porte. » On entre, mais ce n'est pas lui. C'est un grand beau garçon d'une vingtaine d'années, en bourgeron d'ouvrier. La mère Achille ne l'a jamais vu; pourtant il y a pour elle dans l'expression de ce jeune et franc visage

quelque chose d'intimement connu, et qui la trouble :
« Qu'est-ce que vous demandez ?

— Le père Achille n'est pas là ?

— Non, mon garçon, mais il va rentrer bientôt. Si vous avez quelque chose à lui dire, vous pouvez l'attendre.

Elle avance une chaise ; puis, comme il lui est impossible de rester inactive, elle se remet à coudre dans l'embrasure de la croisée. Celui qui vient d'entrer regarde curieusement tout autour de la chambre. Il voit une photographie au mur, s'approche et l'examine avec attention : — C'est le père Achille, ça ?...

La femme est très étonnée : — Vous ne le connaissez donc pas ?

— Non, mais ce n'est pas l'envie qui m'en manque.

— Mais, enfin, qu'est-ce que vous lui voulez ? Est-ce pour de l'argent que vous venez ? Il me semblait pourtant qu'il ne devait plus rien à personne, nous avons tout payé.

— Non, non, il ne me doit rien. C'est même assez singulier qu'il ne me doive rien, puisque c'est mon père.

— Votre père ?

Elle se lève toute pâle, son ouvrage lui glisse des mains.

— Oh! vous savez, madame Achille, ce n'est pas pour vous faire affront, ce que je vous dis là... Je suis d'avant votre mariage. C'est moi le fils de Sidonie; vous avez peut-être entendu parler de ma mère?

En effet, elle connaît ce nom. Dans le commencement du ménage, ça l'a même rendue bien malheureuse. On lui disait que cette Sidonie, une ancienne de son mari, était une très jolie fille et qu'à eux deux ils faisaient le plus joli couple du pays. Ces choses-là sont toujours dures à entendre.

Le garçon continue :

— Ma mère est une brave femme, allez! D'abord, on m'avait mis aux Enfants-Trouvés; mais, à dix ans, elle m'a repris. Elle a travaillé ferme pour m'élever, me faire apprendre un état... Ah! je n'ai rien à lui reprocher, à elle! Mon père, lui, c'est autre chose; mais je ne suis pas venu pour cela... Je suis venu seulement pour le voir, pour le connaître. C'est vrai, ça m'a toujours taquiné, cette idée de ne pas connaître mon père. Tout petit, ça me tourmentait déjà et j'ai bien souvent fait pleurer ma mère avec mes questions : « Je n'ai donc pas de père, moi? où est-il? Qu'est-ce qu'il fait? » Enfin un jour elle m'a avoué la vérité, et tout de suite je me suis dit : Il est à Paris, eh bien! j'irai le voir!... Elle voulait m'en empêcher: Puisque je te dis qu'il est marié, que tu ne lui es plus rien, qu'il ne s'est jamais informé de toi... ça n'a rien fait. Je voulais le connaître à toute force, et, ma foi! en arrivant à Paris, j'avais son adresse, et je suis venu tout droit... Il ne faut pas m'en vouloir, c'était plus fort que moi...

Oh! non, elle ne lui en veut pas! Mais au fond du cœur elle est jalouse. Elle pense en le regardant qu'il y a de bien mauvaises chances dans la vie; qu'il aurait dû être pour elle, cet enfant-là. Comme elle l'aurait bien soigné, bien élevé... C'est qu'en vérité, c'est tout le portrait d'Achille ; seulement il a en plus un air d'effronterie, et elle ne peut pas s'empêcher de penser que son fils à elle, ce fils tant désiré, aurait eu quelque chose de plus posé, de plus honnête dans le regard et dans la voix.

La situation est un peu embarrassante. Ils se taisent tous les deux. Chacun songe de son côté. Tout à coup on entend des pas dans l'escalier. C'est le père. Il entre, long, voûté, avec la démarche traînante de l'ouvrier qui a passé beaucoup de lundis à flâner par les rues.

« Tiens, Achille, dit la femme, voilà quelqu'un qui veut te parler, » et elle s'en va dans la pièce à côté, laissant son mari et le fils de la belle Sidonie en face l'un de l'autre. Au premier mot, Achille change de figure ; l'enfant le rassure : « Oh ! vous savez, je ne vous demande rien ; je n'ai besoin de personne pour vivre ; je suis seulement venu vous voir, pas plus. »

Le père balbutie : « Sans doute, sans doute... Tu as... vous avez très bien fait, mon garçon. »

C'est égal, cette paternité subite le gêne un peu, surtout devant sa femme. Il regarde du côté de la cuisine, et baissant la voix : « Tenez, descendons, il y a un marchand de vins en bas, nous serons mieux pour causer... attends-moi, la mère, je reviens. »

Ils descendent, s'attablent devant un litre, et on cause.

— Qu'est-ce que vous faites ? demande le père, moi je suis dans la charpente.

Le fils répond : « Moi dans la menuiserie. »

— Est-ce que ça va bien, chez vous, les affaires ?

— Non, pas fort.

Et la conversation continue sur ce ton. Quelques détails de métier, c'est par là seulement qu'ils se tiennent. Du reste, pas la moindre émotion de se voir. Rien à se dire, rien. Pas un souvenir commun, deux vies complétement séparées qui n'ont jamais eu la moindre influence l'une sur l'autre.

Le litre fini, le fils se lève : « Allons, mon père, je ne veux pas vous retarder davantage ; je vous ai vu, je m'en vais content. A revoir. »

— Bonne chance, mon garçon.

Ils se serrent la main, froidement, l'enfant part de son côté, le père remonte chez lui ; ils ne se sont plus jamais revus.

ÉTUDE DE COMÉDIEN

Ce soir-là le petit Bloncourt débutait dans *Chatterton*. La pièce, non pas oubliée, mais endormie depuis des années, restreinte à l'intimité, au renfermé du livre, avait toute la nouveauté et l'intérêt d'une première. Ceux qui la connaissaient sans l'avoir vu jouer assistaient curieusement à cet épanouissement de l'œuvre interprétée, où certaines beautés, surtout les finesses, disparaissent, se dispersent, se volatilisent pour ainsi dire au feu de la rampe, tandis que d'autres éclatent à l'improviste dans le mouvement des voix et des gestes. Ceux qui avaient assisté aux anciennes représentations étaient heureux de retrouver deux heures de leur jeunesse, un regain des premières émotions artistiques. Bref ce beau vieux drame, arrivant au milieu des banalités du jour, enthousiasmait et rajeunissait toute la salle.

Il faut dire qu'on n'aurait pu rêver un Chatterton plus séduisant que ce petit Bloncourt. Fils et petit-fils de comédiens, ce jeune homme a du sang de grand artiste dans les veines et tenait à nous le prouver ce soir-là.

Dans l'agitation des applaudissements, au milieu de toutes ces paires d'yeux, de toutes ces mains tendues vers la scène, j'apercevais de temps en temps une belle figure immobile, sortant de l'ombre des couloirs, pâle à la lumière des lustres. C'était le père Bloncourt, venu pour assister au triomphe de son fils. Très-ému, il changeait souvent de place, paraissait à tous les étages du théâtre, tantôt dans l'éblouissement des loges, tantôt dans la confusion des galeries, comme s'il eût voulu mesurer, voir sous toutes ses faces, ce succès qui était un peu le sien. La salle l'avait reconnu et se le montrait. On disait : « Regardez donc le père Bloncourt... A-t-il l'air heureux ! » Et parfois des gens qui applaudissaient, se tournaient de son côté, voulant faire participer le grand artiste au triomphe de son élève et de son enfant.

C'est qu'en effet, il n'y a pas de gloire plus courte

que celle des comédiens. Sitôt qu'ils ne jouent plus, c'est fini. On ne s'occupe plus d'eux. Ils ont le sort de la parole entendue, que l'air emporte si belle qu'elle soit, du son évanoui dès que la note est donnée. Mais cette fois, grâce à son fils, le vieux Bloncourt allait échapper à cette terrible destinée des grands comédiens. Il voyait une gloire nouvelle sortir de sa gloire passée, et commencer au bout de sa vie artistique une autre vie, pleine d'espérances. Aussi l'émotion du pauvre homme était grande. Il avait, en écoutant, des mouvements nerveux, des tremblements de lèvres. Puis, à chaque entr'acte, on le voyait rôder dans les couloirs, écouter aux groupes ; et quand les poignées de mains, les félicitations allaient vers lui, il rougissait, se dérobait avec un embarras de débutant, une modestie paternelle vraiment touchante.

Passant à son côté dans un de ces moments-là, je ne pus me défendre d'un mouvement de sympathie vers ce bonheur silencieux.

— Vous devez être bien heureux, lui dis-je en lui serrant la main... C'est un grand succès...

Je sentis une main froide, couverte de sueur, qui se dégageait brusquement, presque avec colère.

L'homme eut un sourire affreux en me regardant :

— Comment! vous aussi... vous me complimentez... Il n'y en aura donc pas un pour comprendre tout ce que je souffre... Ah! tenez, j'étouffe. Sortons.

Et il m'entraîna dehors.

Un vent glacial soufflait sous les galeries ; mais le vieux comédien n'y prenait pas garde. « Ah! c'est bon... c'est bon... disait-il en buvant l'air avec délices. J'ai cru que j'allais devenir fou là-dedans. Depuis deux heures que j'entends ces applaudissements, ces félicitations imbéciles qui ont l'air d'une raillerie... Ça vous étonne, ce que je vous dis... Eh bien! oui, je suis jaloux. Je suis jaloux de cet enfant qui est le mien, et jaloux à en crever, là !... C'est affreux, n'est-ce pas ?... Mais aussi pourquoi m'a-t-il volé mon rôle? C'est moi qui devais le jouer, ce rôle-là. C'est mon emploi, et d'ailleurs Vigny me l'avait promis. Huit jours avant de mourir, il me disait : « Bloncourt, quand on reprendra *Chatterton*, je compte sur vous. » Et vous pensez si j'attendais cela avec impatience. Depuis si longtemps que je ne jouais plus, Paris commençait à m'oublier. J'espérais que cette création me ferait une seconde jeunesse, un renouveau de succès, et jour et nuit j'étudiais. Je trouvais des choses. J'étais prêt...

«... Voilà qu'un matin le petit arrive à la maison, me saute au cou. — « Ah! père! que je suis content... je vais jouer Chatterton. » Il savait bien, lui, mieux que personne, la promesse qui m'avait été faite; mais dans sa joie il n'y pensait plus. Les enfants ont le bonheur si égoïste! Celui-là me donnait un grand coup de couteau en riant. Il m'apprit qu'on avait d'abord pensé à moi pour le rôle, mais qu'on me trouvait trop marqué... Trop marqué!... Il y a de quoi l'être en effet avec des déceptions pareilles dans sa vie. Je suis sûr qu'en cinq minutes j'ai eu vingt ans de plus sur la tête... Encore si le petit avait eu un mot de regret, de tendresse, je lui aurais dit simplement : « Ne joue pas ça, tu vas me tuer. » Et je suis sûr qu'il ne l'aurait pas joué, car enfin il m'aime, cet enfant. Mais la fierté m'a retenu. Nous avons causé du rôle. Il m'a demandé des conseils. Depuis deux mois la brochure était sur ma table. Nous l'avons lue ensemble. Je lui montrais comment je comprenais la chose. De temps en temps, il m'échappait, regardait lui-même, et avec des yeux que je n'ai plus, lui qui connait bien le public de maintenant, il découvrait des idées où je n'en voyais pas... Ce que j'ai souffert dans cette petite séance ! Non, voyez-vous, il faut y avoir passé. Et pourtant tout cela n'est rien auprès de mon martyre de ce soir...

« Oh! je n'aurais pas dû venir ce soir. Mais c'était plus fort que moi. La curiosité et peut-être aussi, je suis honteux de l'avouer, le secret espoir de saisir au milieu des bravos un regret, un souvenir pour moi, d'entendre quelqu'un dire dans la salle : « Ah! si le père Bloncourt avait joué ça ! » Eh bien, non. Rien, pas un mot. Ils avaient assez à faire à applaudir. Pourtant il ne joue pas bien, ce garçon-là. Il est même très-mauvais. Quand il est entré, j'ai cru qu'on allait siffler. Est-ce qu'il sait marcher, seulement ? Est-ce qu'il sait se tenir en scène ? Dans ce grand rôle si cherché, si composé, a-t-il trouvé un effet, quelque chose ? Non. Il s'est jeté là-dedans à corps perdu avec l'étourderie de la jeunesse. La fougue lui tient lieu de talent. Tenez, dans la grande scène avec Ketty, quand Chatterton... »

Et voilà le pauvre homme parti à me détailler les défauts de son fils. Il imitait ses intonations, ses gestes. Au point de vue de la science du théâtre, tout cela me semblait très-profond, très-juste ; et j'étais surpris de trouver tant de notes fausses dans l'ensemble qui m'avait charmé. Ce qui n'empêche pas qu'à chaque minute des applaudissements pressés et prolongés nous arrivaient de la salle avec un bruit de grêle, augmenté encore de la sonorité des couloirs et du silence de la place.

« Applaudissez, disait le malheureux comédien blêmissant à chaque salve, applaudissez. Il est jeune. Être jeune, tout est là. Moi, je suis vieux. Je suis marqué. Ah ! que c'est bête !... » Puis baissant la voix, et comme se parlant à lui-même : — « Ce que j'éprouve est incompréhensible. Voilà un polisson qui me prend tout, mon nom, ma gloire, qui n'a pas même attendu que je sois mort pour me voler mes souliers ; et cependant je ne peux pas m'empêcher de l'aimer. C'est mon fils, après tout. C'est moi qui l'ai nourri, instruit, élevé ; et, quand je l'entends applaudir, j'ai malgré moi un côté d'orgueil satisfait... Il y a des choses pas mal dans ce qu'il fait, ce crapaud-là !... Non ! le malheur, c'est de lui avoir appris mon métier. J'aurais dû appliquer ailleurs son intelligence.

Au moins je pourrais être fier de lui tout à mon aise, et je n'aurais pas la douleur de voir mes trente ans de succès effacés par son premier jour de triomphe. »

A ce moment, la foule commençait à sortir du théâtre. C'était fini. La place tout à l'heure déserte et froide se trouva subitement toute chaude et lumineuse. Un murmure approbatif et comme une atmosphère de succès circulait de groupe en groupe, et par les rues silencieuses allait se répandre dans tout Paris. Le vieux comédien, appuyé contre un pilier, l'oreille tendue, recueillait les éloges des derniers spectateurs attardés.

Tout à coup il eut un élan. « Adieu ! » me dit-il très-vite, d'une voix rauque, changée, qui me fit peur. Je voulus le retenir. « Bloncourt... Bloncourt... Où allez-vous ? »

Il tourna vers moi ses traits bouleversés, ses yeux tout brillants de larmes : « Où je vais ? embrasser le petit, parbleu ! »

LES SAUTERELLES

La nuit de mon arrivée dans cette ferme d'Algérie, je ne pus pas dormir. Le pays nouveau, l'agitation du voyage, les aboiements des chacals, puis une chaleur énervante, oppressante, un étouffement complet, comme si les mailles de la moustiquaire n'avaient pas laissé passer un souffle d'air... Quand j'ouvris ma fenêtre, au petit jour, une brume d'été lourde, lentement remuée, frangée aux bords de noir et de rose, flottait dans l'air, comme un nuage de poudre sur un champ de bataille. Pas une feuille ne bougeait, et dans ces beaux jardins que j'avais sous les yeux, les vignes espacées sur les pentes au grand soleil qui fait les vins sucrés, les fruits d'Europe abrités dans un coin d'ombre, les petits orangers, les mandariniers en longues files microscopiques, tout gardait le même aspect morne, cette immobilité des feuilles attendant l'orage. Les bananiers eux-mêmes, ces grands roseaux vert tendre, toujours agités par quelque souffle qui emmêle leur fine chevelure si légère, se dressaient silencieux et droits, en panaches réguliers.

Je restai un moment à regarder cette plantation merveilleuse, où tous les arbres du monde se trouvaient réunis, donnant chacun dans leur saison leurs fleurs et leurs fruits dépaysés. Entre les champs de blé et les massifs de chênes-liéges, un cours d'eau luisait, rafraîchissant à voir par cette matinée étouffante; et tout en admirant le luxe et l'ordre de ces choses, cette belle ferme avec ses arcades mauresques, ses terrasses toutes blanches d'aube, les écuries et les hangars groupés autour, je songeais qu'il y a vingt ans, quand ces braves gens étaient venus s'installer dans ce vallon du Sahel, ils n'avaient trouvé qu'une méchante baraque de cantonnier, une terre inculte hérissée de palmiers-nains et de lentisques. Tout à créer, tout à construire. A chaque instant des révoltes d'Arabes. Il fallait laisser la charrue pour faire le coup de feu. Ensuite les maladies, les ophthalmies, les fièvres, les récoltes manquées, les tâtonnements de l'inexpérience, la lutte avec une administration bornée, toujours flottante. Que d'efforts ! Que de fatigues ! Quelle surveillance incessante !

Encore maintenant, malgré les mauvais temps finis et la fortune si chèrement gagnée, tous deux, l'homme et la femme, étaient les premiers levés à la ferme. A cette heure matinale je les entendais aller et venir dans les grandes cuisines du rez-de-chaussée, surveillant le café des travailleurs. Bientôt une cloche sonna, et au bout d'un moment les ouvriers défilèrent sur la route. Des vignerons de Bourgogne, des laboureurs kabyles en guenilles, coiffés d'un chechia rouge ; des terrassiers mahonais, les jambes nues, des Maltais, des Lucquois, tout un peuple disparate, difficile à conduire. A chacun d'eux le fermier, debout devant la porte, distribuait sa tâche de la journée d'une voix brève, un peu rude. Quand il eut fini, le brave homme leva la tête, scruta le ciel d'un air inquiet ; puis m'apercevant à la fenêtre :

— Mauvais temps pour la culture, me dit-il... voilà le sirocco.

En effet, à mesure que le soleil se levait, des bouffées d'air, brûlantes, suffoquantes, nous arrivaient du sud comme de la porte d'un four ouverte et refermée.

On ne savait où se mettre, que devenir. Toute la matinée se passa ainsi. Nous prîmes du café sur les nattes de la galerie, sans avoir le courage de parler ni de bouger. Les chiens allongés, cherchant la fraîcheur des dalles, s'étendaient dans des poses accablées. Le déjeuner nous remit un peu, un déjeuner plantureux et singulier où il y avait des carpes, des truites, du sanglier, du hérisson, le beurre de Staouëli, les vins de Crescia, des goyaves, des bananes, tout un dépaysement de mets qui ressemblait bien à la nature si complexe dont nous étions entourés... On allait se lever de table. Tout à coup, à la porte-fenêtre fermée pour nous garantir de la chaleur du jardin en fournaise, de grands cris retentirent: « Les criquets! les criquets! »

Mon hôte devint tout pâle comme un homme à qui on annonce un désastre, et nous sortîmes précipitamment. Pendant dix minutes, ce fut dans l'habitation, si calme tout à l'heure, un bruit de pas précipités, de voix indistinctes, perdues dans l'agitation d'un réveil. De l'ombre des vestibules où ils s'étaient endormis, les serviteurs s'élancèrent dehors en faisant résonner avec des bâtons, des fourches, des fléaux, tous les ustensiles de métal qui leur tombaient sous la main, des chaudrons de cuivre, des bassines, des casseroles. Les bergers soufflaient dans leurs trompes de pâturage. D'autres avaient des conques marines, des cors de chasse. Cela faisait un vacarme effrayant, discordant, que dominaient d'une note suraiguë les « You! you! you! » des femmes arabes accourues d'un douar voisin. Souvent, paraît-il, il suffit d'un grand bruit, d'un frémissement sonore de l'air, pour éloigner les sauterelles, les empêcher de descendre.

Mais où étaient-elles donc, ces terribles bêtes? Dans le ciel vibrant de chaleur, je ne voyais rien qu'un nuage venant à l'horizon, cuivré, compact, comme un nuage de grêle, avec le bruit d'un vent d'orage dans les mille rameaux d'une forêt. C'étaient les sauterelles. Soutenues entre elles par leurs ailes sèches étendues, elles volaient en masse, et malgré nos cris, nos efforts, le nuage s'avançait toujours, projetant dans la plaine une ombre immense. Bientôt il arriva au-dessus de nos têtes, sur les bords on vit pendant une seconde un effrangement, une déchirure. Comme les premiers grains d'une giboulée, quelques-unes se détachèrent, distinctes, roussâtres ensuite toute la nuée creva, et cette grêle d'insectes tomba drue et bruyante. A perte de vue les champs étaient couverts de criquets, de criquets énormes, gros comme le doigt.

Alors le massacre commença. Hideux murmure d'écrasement, de paille broyée. Avec les herses, les pioches, les charrues, on remuait ce sol mouvant ; et plus on en tuait, plus il y en avait. Elles grouillaient par couches, leurs hautes pattes enchevêtrées ; celles du dessus faisant des bonds de détresse, sautant au nez des chevaux attelés pour cet étrange labour. Les chiens de la ferme, ceux du douar, lancés à travers champs, se ruaient sur elles, les broyaient avec fureur. A ce moment, deux compagnies de turcos, clairons en tête, arrivèrent au secours des malheureux colons, et la tuerie changea d'aspect.

Au lieu d'écraser les sauterelles, les soldats les flambaient en répandant de longues tracées de poudre.

Fatigué de tuer, écœuré par l'odeur infecte, je rentrai. A l'intérieur de la ferme, il y en avait presque autant que dehors. Elles étaient entrées par les ouvertures des portes, des fenêtres, la baie des cheminées.

Au bord des boiseries, dans les rideaux déjà tout mangés, elles se traînaient, tombaient, volaient, grimpaient aux murs blancs avec une ombre gigantesque qui doublait leur laideur. Et toujours cette odeur épouvantable. A dîner, il fallut se passer d'eau. Les citernes, les bassins, les puits, les viviers, tout était infecté. Le soir dans ma chambre, où l'on en avait pourtant tué des quantités, j'entendis encore des grouillements sous les meubles, et ce craquement d'élytres semblable au pétillement des gousses qui éclatent à la grande chaleur. Cette nuit-là non plus je ne pus pas dormir. D'ailleurs autour de la ferme tout restait éveillé. Des flammes couraient au ras du sol d'un bout à l'autre de la plaine. Les turcos en tuaient toujours.

Le lendemain, quand j'ouvris ma fenêtre comme la veille, les sauterelles étaient parties; mais quelle ruine elles avaient laissée derrière elles! Plus une fleur, plus un brin d'herbe: tout était noir, rongé, calciné. Les bananiers, les abricotiers, les pêchers, les mandariniers, se reconnaissaient seulement à l'allure de leurs branches dépouillées, sans le charme, le flottant de la feuille qui est la vie de l'arbre. On nettoyait les pièces d'eau, les citernes. Partout des laboureurs creusaient la terre pour tuer les œufs laissés par les insectes. Chaque motte était retournée, brisée soigneusement. Et le cœur se serrait de voir les mille racines blanches, pleines de séve, qui apparaissaient dans ces écroulements de terre fertile...

LES DOUANIERS

Il y a quelques années, l'inspecteur général des douanes de la Corse m'emmena dans une de ses tournées le long de la côte. Sans qu'il y parût, c'était un grand voyage; quarante jours de mer, à peu près le temps qu'il faut pour aller à la Havane, et cela dans une vieille barque à demi pontée, où l'on n'avait pour s'abriter du vent, des lames, de la pluie, qu'un petit rouf goudronné, à peine assez large pour tenir une table et deux couchettes. Aussi il fallait voir nos matelots par les gros temps. Les figures ruisselaient, les vareuses trempées fumaient comme du linge à l'étuve, et en plein hiver les malheureux passaient ainsi des journées entières, même des nuits, accroupis sur leurs bancs mouillés, à grelotter dans cette humidité malsaine; car on ne pouvait pas allumer de feu à bord, et la rive était souvent difficile à atteindre... Eh bien, pas un de ces hommes ne se plaignait. Par les temps les plus rudes, je leur ai toujours vu la même placidité, la même bonne humeur. Et pourtant quelle triste vie que celle de ces matelots douaniers!

Presque tous mariés, ayant femme et enfants à terre, ils restent des mois dehors, à louvoyer sur ces côtes si dangereuses. Pour se nourrir, ils n'ont guère que du pain moisi et des oignons sauvages. Jamais de vin, jamais de viande, parce que la viande et le vin coûtent cher et qu'ils ne gagnent que cinq cents francs par an! Cinq cents francs par an! vous pensez si la hutte doit être noire là-bas à la *marine*, et si les enfants doivent aller pieds nus... N'importe! Tous ces gens-là paraissaient contents. Il y avait à l'arrière, devant le rouf, un grand baquet plein d'eau de pluie où l'équipage venait boire, et je me rappelle que, la dernière gorgée finie, chacun de ces pauvres diables secouait son gobelet avec un « Ah!... » de satisfaction, une expression de bien-être à la fois comique et attendrissante.

Le plus gai, le plus satisfait de tous était un petit Bonifacien hâlé et trapu qu'on appelait Palombo. Celui-là ne faisait que chanter, même dans les plus gros temps. Quand la lame devenait lourde, quand le ciel assombri et bas se remplissait de grésil, et qu'on était là tous, le nez en l'air, la main sur l'écoute, à guetter le coup de vent qui allait venir, alors dans le grand silence et l'anxiété du bord, la voix tranquille de Palombo commençait :

> Non, monseigneur,
> C'est trop d'honneur.
> Lisotte est sa...age,
> Reste au villa...age...

Et la rafale avait beau souffler, faire gémir les agrès, secouer et inonder la barque, la chanson du douanier allait son train, balancée comme une mouette à la pointe des vagues. Quelquefois le vent accompagnait trop fort, on n'entendait plus les paroles ; mais, entre chaque coup de mer, dans le ruissellement de l'eau qui s'égouttait, le petit refrain revenait toujours :

> Lisotte est sa...age,
> Reste au villa...age...

Un jour pourtant qu'il ventait et pleuvait très-fort, je ne l'entendis pas. C'était si extraordinaire, que je sortis la tête du rouf : « Eh ! Palombo, on ne chante donc plus ! » Palombo ne répondit pas. Il était immobile, couché sous son banc. Je m'approchai de lui. Ses dents claquaient ; tout son corps tremblait de fièvre. « Il a une *pountoura*, » me dirent ses camarades tristement. Ce qu'ils appellent *pountoura*, c'est un point de côté, une pleurésie. Ce grand ciel plombé, cette barque ruisselante, ce pauvre fiévreux roulé dans un vieux manteau de caoutchouc qui luisait sous la pluie comme une peau de phoque, je n'ai jamais rien vu de plus lugubre. Bientôt le froid, le vent, la secousse des vagues aggravèrent son mal. Le délire le prit ; il fallut aborder.

Après beaucoup de temps et d'efforts, nous entrâmes vers le soir dans un petit port aride et silencieux, qu'animait seulement le vol circulaire de quelques *gouailles*. Tout autour de la plage montaient de hautes roches escarpées, des maquis inextricables d'arbustes verts, d'un vert sombre, sans saison. En bas, au bord de l'eau, une petite maison blanche à volets gris : c'était le poste de la douane. Au milieu de ce désert, cette bâtisse de l'État numérotée comme une casquette d'uniforme avait quelque chose de sinistre. C'est là qu'on descendit le malheureux Palombo.

Triste asile pour un malade. Nous trouvâmes le douanier en train de manger au coin du feu avec sa femme et ses enfants. Tout ce monde-là vous avait des mines hâves, jaunes, des yeux agrandis, cerclés de fièvre. La mère, jeune encore, un nourrisson sur les bras, grelottait en nous parlant. — « C'est un poste terrible, me dit tout bas l'inspecteur. Nous sommes obligés de renouveler nos douaniers tous les deux ans. La fièvre de marais les mange... »

Il s'agissait cependant de se procurer un médecin. Il n'y en avait pas avant Sartène, c'est-à-dire à six ou huit lieues de là. Comment faire? Nos matelots n'en pouvaient plus; c'était trop loin pour envoyer un des enfants. Alors la femme, se penchant dehors, appela : « Cecco!.. Cecco! » et nous vîmes entrer un grand gars bien découplé, vrai type de braconnier ou de *banditto*, avec son bonnet de laine brune et son *pelone* en poils de chèvre. En débarquant je l'avais déjà remarqué, assis devant la porte, sa pipe rouge aux dents, un fusil entre les jambes; mais, je ne sais pourquoi, il s'était enfui à notre approche. Peut-être croyait-il que nous avions des gendarmes avec nous. Quand il entra, la douanière rougit un peu : « C'est mon cousin, nous dit-elle... Pas de danger que celui-là se perde dans le mâquis. » Puis elle lui parla tout bas, en montrant le malade. L'homme s'inclina sans répondre, sortit, siffla son chien, et le voilà parti, le fusil sur l'épaule, sautant de roche en roche avec ses longues jambes.

Pendant ce temps-là les enfants, que la présence de l'inspecteur semblait terrifier, finissaient vite leur dîner de châtaignes et de *brucio* (fromage blanc). Et toujours de l'eau, rien que de l'eau sur la table! Pourtant c'eût été bien bon, un coup de vin, pour ces petits. Ah! misère!... Enfin la mère monta les coucher; le père allumant son falot alla inspecter la côte, et nous restâmes au coin du feu à veiller notre malade qui s'agitait sur son grabat, comme s'il était encore en pleine mer, secoué par les lames. Pour calmer un peu sa *pountoura*, nous faisions chauffer des galets, des briques qu'on lui posait sur le côté. Une ou deux fois, quand je m'approchai de son lit, le malheureux me reconnut, et, pour me remercier, me tendit péniblement la main, une grosse main râpeuse et brûlante comme une de ces briques sorties du feu...

Triste veillée! Au dehors, le mauvais temps avait

repris avec la tombée du jour, et c'était un fracas, un roulement, un jaillissement d'écume, la bataille des roches et de l'eau. De temps en temps, le coup de vent du large parvenait à se glisser dans la baie et enveloppait notre maison. On le sentait à la montée subite de la flamme qui éclairait tout à coup les visages mornes des matelots groupés autour de la cheminée et regardant le feu avec cette placidité d'expression que donne l'habitude des grandes étendues et des horizons pareils. Parfois aussi, Palombo se plaignait doucement. Alors tous les yeux se tournaient vers le coin obscur où le pauvre camarade était en train de mourir, loin des siens, sans secours; les poitrines se gonflaient et l'on entendait de gros soupirs. C'est tout ce qu'arrachait à ces ouvriers de la mer patients et doux le sentiment de leur propre infortune. Pas de révoltes, pas de grèves. Un soupir, et rien de plus !... Si, pourtant, je me trompe. En passant devant moi pour jeter une bourrée au feu, un d'eux me dit tout bas d'une voix navrée : « Voyez-vous, monsieur... On a quelquefois beaucoup *du* tourment dans notre métier !... »

LES ORANGES

A Paris, les oranges ont l'air triste de fruits tombés, ramassés sous l'arbre. A l'heure où elles nous arrivent, en plein hiver pluvieux et froid, leur écorce éclatante, leur parfum exagéré dans ces pays de saveurs tranquilles, leur donnent un aspect étrange, un peu bohémien. Par les soirées brumeuses, elles longent tristement les trottoirs, entassées dans leurs petites charrettes ambulantes, à la lueur sourde d'une lanterne en papier rouge. Un cri monotone et grêle les escorte, perdu dans le roulement des voitures, le fracas des omnibus : « A deux sous la Valence ! »

Pour les trois quarts des Parisiens, ce fruit cueilli au loin, banal dans sa rondeur, où l'arbre n'a rien laissé qu'une mince attache verte, tient de la sucrerie, de la confiserie. Le papier de soie qui l'entoure, les fêtes qu'il accompagne contribuent à cette impression. Aux approches de janvier surtout, les milliers d'oranges disséminées par les rues, toutes ces écorces traînant dans la boue du ruisseau, font songer à quelque arbre de Noël gigantesque qui secouerait sur Paris ses branches chargées de fruits factices. Pas un coin où on ne les rencontre. A la vitrine claire des étalages, choisies et parées; à la porte des prisons et des hospices, parmi les paquets de biscuits, les tas de pommes; devant l'entrée des bals, des spectacles du dimanche. Et leur parfum exquis se mêle à l'odeur du gaz, au bruit des crins-crins, à la poussière des banquettes du paradis. On en vient à oublier qu'il faut des orangers pour produire les oranges, car pendant que le fruit nous arrive directement du Midi à pleines caisses, l'arbre taillé, transformé, déguisé, de la serre chaude où il passe l'hiver ne fait qu'une courte apparition au plein air des jardins publics.

Pour bien connaître les oranges, il faut les avoir vues chez elles, aux îles Baléares, en Sardaigne, en Corse, en Algérie, dans l'air bleu doré, l'atmosphère tiède de la Méditerranée. Je me rappelle un petit bois d'orangers, aux portes de Blidah; c'est là qu'elles étaient belles! Dans le feuillage sombre, lustré, vernissé, les fruits avaient l'éclat de verres de couleur, et doraient l'air environnant avec cette auréole de splendeur qui entoure les fleurs éclatantes. Çà et là des éclaircies laissaient voir à travers les branches les remparts de la petite ville, le minaret d'une mosquée, le dôme d'un marabout, et au-dessus l'énorme masse de l'Atlas, verte à sa base, couronnée de neige comme d'une fourrure blanche, avec des moutonnements, un flou de flocons tombés.

Une nuit, pendant que j'étais là, je ne sais par quel phénomène ignoré depuis trente ans cette zone de frimas et d'hiver se secoua sur la ville endormie, et Blidah se réveilla transformée, poudrée à blanc. Dans cet air algérien si léger, si pur, la neige semblait une poussière de nacre. Elle avait des reflets de plumes de paon blanc. Le plus beau, c'était le bois d'orangers. Les feuilles solides gardaient la neige intacte et droite comme des sorbets sur des plateaux de laque, et tous les fruits poudrés à frimas avaient une douceur splendide, un rayonnement discret comme de l'or voilé de claires étoffes blanches.

Cela donnait vaguement l'impression d'une fête d'église, de soutanes rouges sous des robes de dentelles, de dorure d'autel enveloppées de guipures...

Mais mon meilleur souvenir d'oranges me vient encore de Barbicaglia, un grand jardin auprès d'Ajaccio où j'allais faire la sieste aux heures de chaleur. Ici les orangers, plus hauts, plus espacés qu'à Blidah, descendaient jusqu'à la route, dont le jardin n'était séparé que par une haie vive et un fossé. Tout de suite après, c'était la mer, l'immense mer bleue... Quelles bonnes heures j'ai passées dans ce jardin! Au-dessus de ma tête, les orangers en fleurs et en fruits brûlaient leurs parfums d'essences. De temps en temps, une orange mûre détachée tout à coup tombait près de moi comme alourdie de chaleur avec un bruit mat, sans écho, sur la terre pleine. Je n'avais qu'à allonger la main. C'étaient des fruits superbes, d'un rouge pourpre à l'intérieur. Ils me paraissaient exquis, et puis l'horizon était si beau. Entre les feuilles, la mer mettait des espaces bleus éblouissants comme des morceaux de verre brisé qui miroitaient dans la brume de l'air. Avec cela, le mouvement du flot agitant l'atmosphère à de grandes distances, ce murmure cadencé qui vous berce comme dans une barque invisible, la chaleur, l'odeur des oranges... Ah! qu'on était bien pour dormir dans le jardin de Barbicaglia!

Quelquefois cependant, au meilleur moment de la sieste, des éclats de tambour me réveillaient en sursaut. C'étaient de malheureux tapins qui venaient s'exercer en bas, sur la route. A travers les trous de la haie, j'apercevais le cuivre des tambours et les grands tabliers blancs sur les pantalons rouges. Pour s'abriter un peu de la lumière aveuglante que la poussière de la route leur renvoyait impitoyablement, les pauvres diables venaient se mettre au pied du jardin, dans l'ombre courte de la haie. Et ils tapaient! et ils avaient chaud! Alors m'arrachant de force à mon hypnotisme, je m'amusais à leur jeter quelques-uns de ces beaux fruits d'or rouge qui pendaient près de ma main. Le tambour visé s'arrêtait. Il y avait une minute d'hésitation, un regard circulaire pour voir d'où venait la superbe orange roulant devant lui dans le fossé; puis il la ramassait bien vite et mordait à pleines dents sans même enlever l'écorce.

Je me souviens aussi que tout à côté de Barbicaglia, et séparé seulement par un petit mur bas, il y avait un jardinet assez bizarre que je dominais de la hauteur où je me trouvais. C'était un petit coin de terre bourgeoisement dessiné. Ses allées blondes de sable, bordées de buis très-vert, les deux cyprès de sa porte d'entrée lui donnaient l'aspect d'une bastide marseillaise. Pas une ligne d'ombre. Au fond un bâtiment de pierre blanche avec des jours de caveau au ras du sol. J'avais d'abord cru à une maison de campagne; mais, en y regardant mieux, la croix qui la surmontait, une inscription que je voyais de loin creusée dans la pierre, sans en distinguer le texte, me firent reconnaître un tombeau de famille corse. Tout autour d'Ajaccio, il y a beaucoup de ces petites chapelles mortuaires, dressées au milieu de jardins à elles seules. La famille y vient, le dimanche, rendre visite à ses morts. Ainsi comprise, la mort est moins lugubre que dans la confusion des cimetières. Des pas amis troublent seuls le silence.

De ma place, je voyais un bon vieux aller et venir tranquillement par les allées étroites. Tout le jour il taillait les arbres, bêchait, arrosait, enlevait les fleurs fanées avec un soin minutieux; puis, au soleil couchant, il entrait dans la petite chapelle où dormaient les morts de sa famille; il resserrait la bêche, les râteaux, les grands arrosoirs, tout cela avec la tranquillité, la sérénité d'un jardinier de cimetière. Pourtant, sans qu'il s'en rendît bien compte, ce brave homme travaillait avec un certain recueillement, tous les bruits amortis et la porte du caveau refermée chaque fois discrètement comme s'il eût craint de réveiller quelqu'un. Dans le grand silence radieux, l'entretien de ce petit jardin ne troublait pas un oiseau et son voisinage n'avait rien d'attristant. Seulement la mer en paraissait plus immense, le ciel plus haut, et cette sieste sans fin mettait tout autour d'elle, parmi la nature troublante, accablante à force de vie, le sentiment de l'éternel repos...

LYON

— SOUVENIRS D'ENFANCE —

Étrange ville ! Est-ce parce que je la vois à travers une enfance ennuyée et triste? Est-ce la haute muraille noire du lycée où j'ai langui si longtemps qui donne à mes souvenirs cette teinte assombrie? Je ne sais; mais rien que d'écrire ce nom de Lyon, mon cœur se serre. Je me rappelle un ciel bas, couleur de suie, une brume perpétuelle montant de deux rivières. Il ne pleut pas, il brouillasse; et dans l'affadissement d'une atmosphère molle, les murs pleurent, le pavé suinte, les rampes d'escalier collent aux doigts. L'aspect de la population, son allure, son langage se ressentent de l'humidité de l'air. Ce sont des teints blafards, des yeux endormis, des paresses de prononciation s'étalant en accents circonflexes sur des syllabes allongées, je ne sais quoi de veule et de mou dans la voix, dans le geste; des locutions singulières, mais sans couleur, des façons de parler qu'on ne trouve que là, une *plate* pour dire un lavoir, les *bèches* pour les bains froids, un *gône* pour un gamin. Les noms eux-mêmes ont une physionomie particulière: Bouvard, Chipié, Mouillard, sont des types de noms bien lyonnais. Polichinelle ne s'appelle pas Polichinelle. Ils l'ont baptisé Gnafron.

En dehors de ces impressions un peu puériles et que je vous donne pour ce qu'elles valent, il y a là un pays original, curieux à étudier, et qui du moins nous sort de l'uniformité, de la banalité provinciales. Je n'y suis pas retourné depuis le collége; mais rien qu'avec mes souvenirs d'alors, avec ce que mes yeux d'enfant ont retenu sans le comprendre, je me représente bien aujourd'hui le Lyon où j'ai vécu, cette ville double, industrielle et cléricale, mêlant son train de cloches et de navettes, ses odeurs d'encens et de tissus écrus, d'ateliers et de sacristies, quelque chose comme un coin de Rome et de Manchester tout ensemble. C'était d'abord le plateau de la Croix-

Rousse, le grand faubourg ouvrier grouillant tout en haut de ces larges marches de pierre. A mesure qu'on montait la *Grand'Côte*, le battement des métiers Jacquart, le tic-tac des navettes semblaient venir à vous de ces milliers de fenêtres étroites, échelonnées sur cinq, six étages, serrant leur vie ouvrière comme dans les cases d'une ruche. Entre les montants des métiers, dans l'entrecroisement des longues *mailles*, tout un peuple de tisseurs, hommes, femmes, enfants, s'agitait derrière les vitres. Oh! les pauvres petits *gônes*, comme ils étaient pâles!... Quand ces gens-là travaillaient, Lyon les appelait ses *canuts*; mais les jours de révolution, lorsque les métiers n'allaient plus et que les grandes marches de pierre n'étaient pas assez larges pour contenir ce flot d'ouvriers roulant vers la ville, Lyon épouvanté criait: « Les *Voraces* descendent !... » Entre nous, je ne les ai pas vus souvent descendre, ces terribles *Voraces*; seulement, aux Terreaux où nous habitions, tout le monde en avait très-peur. Là se trouvaient les quartiers du grand commerce, les vieux magasins lyonnais opulents et mornes, des richesses en ballots, résultat muet du travail bruyant de là-haut; et comme les Terreaux sont juste au bas de la Croix-Rousse, les commerçants aux jours de crise vivaient les yeux tournés vers cette montagne menaçante d'où l'avalanche semblait toujours prête à se précipiter sur eux.

Pour faire contre-poids au plateau de la Croix-Rousse, voici maintenant le plateau de Fourvières, la montagne religieuse en face de la montagne industrielle. Tout en bas, au pied du coteau, la métropole Saint-Jean, l'archevêché, les séminaires, un bruit continuel de cloches tombant dans des rues tranquilles, des places désertes traversées aux heures des offices par de longues files de séminaristes en surplis, et les petits clergeons de la maîtrise qui passaient graves, les bras croisés sous leurs camails fourrés d'hermine, laissant traîner sur les dalles les longues queues de leurs soutanes rejetées. Ce coin de Lyon m'a laissé l'impression d'un quartier romain. Derrière commençaient des ruelles à pic montant à Fourvières entre des murs de couvents, des jardins de communautés, des portails surmontés de croix ou d'emblèmes, des clochers de chapelles carillonnant dans de la verdure. On rencontrait des processions de paroisses, des confréries en pèlerinages se déroulant aux détours des rues comme un long ruban blanc ou bleu, avec des gonflements de voiles, des ondulations de bannières et de pèlerines, des éclairs de croix immobiles traversées de lumières; d'autres fois des groupes solitaires, longeant les murs d'un air recueilli, en train d'accomplir quelque vœu. Je me souviens d'une femme en grand deuil, montant pieds nus la côte dure, pavée de cailloux pointus. Visage ascétique, usé de larmes, elle tirait par la main un petit enfant tout en noir aussi, haletant de la course et un peu gêné des pieds nus de sa mère qu'il regardait avec stupeur...

A mesure qu'on approchait de l'église, qui est en haut, des petites boutiques d'objets de piété, d'imagerie religieuse tapissaient les rues de leurs étalages. Des chapelets de corail, de nacre, de noyaux d'olives suspendus à des tringles, des cœurs en verroterie, des couronnes de jais, d'immortelles. Puis des petits journaux étranges, le *Rosier de Marie*, l'*Echo du purgatoire*, des prédictions sur papier de cuisine, le portrait de la sœur Rosalie avec ses décorations, du curé d'Ars fortement colorié, entouré de ses nombreux miracles. C'était aussi derrière les vitres ternes un fouillis de petits bras, de petites jambes en cire blanche, toutes sortes d'ex-voto, de livres bizarres, mystérieux, monstrueuses élucubrations de cerveaux malades, rêves de Pascal sans génie, illustrés d'images grossières représentant les supplices de l'enfer, des damnés sur des roues, des squelettes calcinés chargés de chaînes, tout cela dans des brochures jaunies, couleur de cierge, à qui la poussière de l'étalage donnait vite la banalité d'objets forains...

Mais c'est surtout là-haut, dans la chapelle, qu'il fallait voir les ex-voto et les images! Quel encombrement de choses touchantes ou comiques, de tableaux inoubliables pendus aux piliers, expliqués par des légendes reconnaissantes, ou abandonnés tout entiers au vague du miracle. Des naufragés, des aveugles, des amputés, des convertis, M. de Ratisbonne illuminé par la foi, à genoux, les bras en croix... En haut, sur le dôme de la chapelle, Notre-Dame de Fourvières toute en or, dominant le Lyon catholique avec ses couvents, ses congrégations, ses communautés, ses confréries et les innombrables sociétés religieuses sans règle ni costume répandues par toute la ville et donnant aux relations du monde lyonnais je ne sais quel ton demi-clérical, des habitudes de douceur triste et d'yeux baissés.

Les *Voraces* de la Croix-Rousse ! Les congrégations de Fourvières ! C'est de ces deux éléments si disparates que Lyon se compose ; et si vous vous étonnez qu'ils ne se soient pas absorbés l'un l'autre depuis le temps qu'ils vivent en présence, je vous dirai que le Rhône et la Saône — les deux fleuves lyonnais — sont aussi dissemblables que ses deux montagnes, et que leurs eaux, même confondues, gardent pendant des lieues chacune sa couleur et son mouvement. La Saône est lente, lourde, silencieuse, un peu traînante, pleine de trous, de remous, de tourbillons. Le Rhône est plus large, plus rapide, dur à la remonte, bruyant et vagué comme une mer. Ce n'est pourtant pas là notre beau Rhône d'Avignon qui roule des morceaux de ciel bleu, des couchants avec toutes leurs flammes. Ici le ciel lyonnais teint l'eau, l'alourdit de ses brumes, et, aux jours de lumière, lui donne le ton blafard d'un miroir de fer... Entre ces deux fleuves, Lyon est exposé à de fréquentes inondations. Tantôt c'est la Saône qui *repique*, comme on dit là-bas, tantôt c'est le Rhône. Quelquefois tous deux ensemble. Alors c'est terrible. L'inondation de 1856, que j'ai vue de très-près, est surtout restée présente à mon souvenir. Le Rhône, dans la nuit, avait rompu ses digues et pris tout un faubourg de la ville à revers.

Je n'oublierai jamais ces maisons des Charpennes s'écroulant sous l'effort de l'eau, les murailles enlevées, détachées par pans, laissant voir l'intérieur du logis à tous les étages; des lambeaux de papier à fleurs, des portraits accrochés dans le vide, des meubles suspendus en l'air, ne tenant plus qu'à l'équilibre d'une pierre, une petite cage où un oiseau s'égosillait devant sa graine encore fraîche. Ensuite des tableaux plus sinistres. Des toits, derniers refuges, encombrés de vies en détresse, des voix étranglées de peur, des bras étendus pour supplier. Ici le tonnerre d'une maison qui s'effondre, le tourbillon de fumée flottant au-dessus de trois étages engloutis. Plus loin, les casernes de la Part-Dieu à demi-noyées, avec leurs fenêtres noires ouvertes comme des yeux qui s'éteignaient à mesure que l'eau montait. La route de Villeurbane transformée en un grand fleuve et charriant, au-dessus de ses pavés submergés, des radeaux pleins de femmes, d'enfants, de bœufs, de chevaux, de matelas, de meubles; et puis partout, sur les toits, sur les murs croulants, sur les bateaux, sur les arbres, des soldats du train, du génie, mettant la note vive des uniformes dans cette grande bataille perdue contre l'eau.

LE CABECILLA

Le bon père achevait de dire sa messe, quand on lui amena les prisonniers. C'était dans un coin sauvage des monts Arichulégui. Une roche éboulée, où un figuier géant enfonçait sa tige tordue, formait une sorte d'autel recouvert — en guise de nappe — d'un étendard carliste aux franges d'argent. Deux alcarazas ébréchés tenaient lieu de burettes, et quand le sacristain Miguel, qui servait la messe, se levait pour changer les évangiles de côté, on entendait sonner les cartouches dans sa giberne. Tout autour, les soldats de Carlos étaient rangés silencieusement, le fusil en bandoulière, un genou à terre sur le béret blanc. Un grand soleil, le soleil de Pâques en Navarre, concentrait sa chaleur éblouissante dans ce creux de roche brûlant et sonore, où le vol d'un merle gris traversait seul de temps en temps les psalmodies du prêtre et du servant. Plus haut, sur le pic en dentelle, des sentinelles se tenaient debout, dessinant dans le ciel des silhouettes immobiles.

Singulier spectacle, ce prêtre chef d'armée officiant au milieu de ses soldats ! Et comme la double existence du cabecilla se lisait bien sur sa physionomie ! L'air extatique, les traits durs, accentués encore par le teint bronzé du soldat en campagne, un ascétisme sans pâleur, où il manquait l'ombre du cloître, des yeux petits, noirs, très-brillants, le front traversé d'énormes veines qui semblaient nouer la pensée comme avec des cordes, la fixer dans un entêtement inextricable. Chaque fois qu'il se retournait vers l'assistance, les bras ouverts pour dire *Dominus vobiscum*, on apercevait l'uniforme sous l'étole, et la crosse d'un pistolet, le manche d'un couteau catalan soulevant le surplis froissé. « Qu'est-ce qu'il va faire de nous ? » se demandaient les prisonniers avec terreur, et en attendant la fin de la messe, ils se rappelaient tous les actes de férocité qu'on racontait du cabecilla et qui lui avaient valu un renom à part dans l'armée royaliste.

Par miracle, ce matin-là, le père était d'humeur

clémente. Cette messe au grand air, son succès de la veille, et aussi l'allégresse du jour de Pâques, sensible encore à cet étrange prêtre, mettaient sur sa figure un rayon de joie et de bonté. Sitôt l'office terminé, pendant que le sacristain débarrassait l'autel, enfermant les vases sacrés dans une grande caisse qu'on portait à dos de mulet derrière l'expédition, le curé s'avança vers les prisonniers. Ils étaient là une douzaine de carabiniers républicains, affaissés par une journée de bataille et une nuit d'angoisses dans la paille de la bergerie où on les avait enfermés après l'action. Jaunes de peur, hâves de faim, de soif, de fatigue, ils se serraient les uns contre les autres comme un troupeau dans une cour d'abattoir. Leurs uniformes remplis de foin, leurs buffleteries en désordre, remontées dans la fuite, dans le sommeil, la poussière qui les couvrait entièrement du pompon de leurs casquettes à la pointe de leurs souliers jaunes, tout contribuait bien à leur donner cette physionomie sinistre des vaincus où le découragement moral se trahit par l'accablement physique Le cabecilla les regarda un instant avec un petit rire de triomphe. Il n'était pas fâché de voir les soldats de la République, humbles, blafards, déguenillés, au milieu des carlistes bien repus, bien équipés, des montagnards navarrais et basques, bruns et secs comme des caroubes...

« *Viva Dios!* mes enfants, leur dit-il d'un air bonhomme, la République nourrit bien mal ses défenseurs. Vous voilà tous aussi maigres que les loups des Pyrénées quand les montagnes sont couvertes de neige et qu'ils viennent dans la plaine flairer l'odeur de la carne aux lumières qui luisent sous les portes des maisons... On est autrement traité au service de la bonne cause. Voulez-vous en essayer, *hermanos?* Jetez ces infâmes casquettes et coiffez-vous du béret blanc... Aussi vrai que c'est aujourd'hui le saint jour de Pâques, ceux qui crieront « Vive le roi! » je leur donne la vie sauve et les vivres de campagne comme à mes autres soldats. »

Avant que le bon père eut fini, toutes les casquettes étaient en l'air, et les cris de « vive le roi Carlos! — vive le cabecilla! » retentissaient dans la montagne. Pauvres diables! Ils avaient eu si grand'peur de mourir; et c'était si tentant toutes ces bonnes viandes qu'ils sentaient là près d'eux, en train de griller à l'abri des roches, devant des feux de bivouac roses et légers dans la grande lumière... Je crois que jamais le prétendant ne fut acclamé de si bon cœur. — « Qu'on leur donne vite à manger, dit le curé en riant. Quand les loups crient de cette force, c'est qu'ils ont les dents longues. » Les carabiniers s'éloignèrent. Mais un d'entre eux, le plus jeune, resta debout devant le chef, dans une attitude fière et résolue qui contrastait avec ses traits d'enfant et le duvet fin à peine coloré, enveloppant ses joues d'une poudre blonde. Sa capote trop grande lui faisait des plis dans le dos, sur les bras, se relevait aux manches sur deux poignets grêles, et par son ampleur l'amincissait, le rajeunissait encore. Il y avait de la fièvre dans ses longs yeux brillants, des yeux d'Arabe avivés de flamme espagnole. Et cette flamme fixe gênait le cabecilla.

— Qu'est-ce que tu veux? lui demanda-t-il.

— Rien... J'attends que vous décidiez de mon sort.

— Mais ton sort sera celui des autres. Je n'ai nommé personne. La grâce était pour tous.

— Les autres sont des traîtres et des lâches... Moi seul je n'ai rien crié.

Le cabecilla tressaillit et le regarda bien en face:

— Comment t'appelles-tu?

— Tonio Vidal.

— D'où es-tu?

— De Puycerda.

— Quel âge?

— Dix-sept ans.

— La République n'a donc plus d'hommes, qu'elle est réduite à enrôler des enfants?

— On ne m'a pas enrôlé, padre... Je suis volontaire.

— Tu sais, drôle, que j'ai plus d'un moyen pour te faire crier: « Vive le roi ! »

L'enfant eut un geste superbe : Je vous en défie!

— Tu aimes donc mieux mourir?

— Cent fois!

— C'est bien... tu mourras.

Alors le curé fit un signe, et le peloton d'exécution vint se ranger autour du condamné, qui ne sourcilla pas. Devant ce beau courage, le chef eut un mouvement de pitié: « Tu n'as rien à me demander avant?... Veux-tu manger? Veux-tu boire? »

— Non! répondit l'enfant; mais je suis bon catholique, et je ne voudrais pas arriver devant Dieu sans confession.

Le cabecilla avait encore son surplis et son étole: « Agenouille-toi, » dit-il en s'asseyant sur une roche, et, les soldats s'étant écartés, le condamné commença à voix basse: « Bénissez-moi, mon père, parce que j'ai péché... »

Mais voici qu'au milieu de la confession, une fusillade terrible éclate à l'entrée du défilé.

— Aux armes! crient les sentinelles.

Le cabecila bondit, donne ses ordres, distribue les postes, éparpille ses soldats. Lui-même a sauté sur une espingole sans prendre le temps d'ôter son surplis, lorsqu'en se retournant il aperçoit l'enfant toujours à genoux.

— Qu'est-ce que tu fais-là, toi?

— J'attends l'absolution.

— C'est vrai, dit le prêtre... Je t'avais oublié.

Gravement il élève la main, bénit cette jeune tête inclinée; puis, avant de partir, cherchant des yeux autour de lui le peloton d'exécution dispersé dans le désordre de l'attaque, il s'écarte d'un pas, met son pénitent en joue, et le foudroie à bout portant.

KADOUR ET KATEL

Kadour-ben-Chérifa, sergent-major aux tirailleurs indigènes, était mourant le soir qu'on l'apporta à la scierie Rippert sur la Sauerbach ; et pendant cinq longues semaines, tout ébranlé de ses blessures, tremblant de fièvre, il a vécu comme dans un rêve. Quelquefois il se croyait encore en pleine bataille, hurlant et bondissant à travers les champs de lin et les houblonnières de Wissembourg, ou bien là-bas, en Algérie, dans la maison de son père, le kaïd des Matmatas. Ensuite il ouvrait les yeux, et vaguement il entrevoyait une chambre à grands rideaux blancs, claire et calme, des branches vertes agitées aux fenêtres, un soleil traversé de nuages, et près de son lit une petite sœur de charité attentive, silencieuse, mais qui n'avait ni croix d'argent, ni chapelets, ni voiles bleus, seulement deux grandes nattes retombant sur un corsage de velours. De temps en temps on appelait : « Katel... Katel... » Alors la fillette s'en allait sur la pointe des pieds, et le blessé écoutait de loin une voix sonore et jeune qui lui faisait frais à entendre comme le ruisseau coulant sous les fenêtres de la scierie.

Kadour ben Chérifa a été longtemps malade ; mais les Rippert l'ont si bien soigné que ses blessures se sont fermées, si bien caché que les Prussiens n'ont pas pu l'envoyer mourir de froid dans les casemates de Mayence. Maintenant il commence à parler, à montrer ses dents blanches, et fait quelques pas dans la chambre en laissant tomber une de ses manches — celle qui a un grand trou béant au milieu des broderies — sur un bras pansé, bandé et encore impotent. Tous les jours, dans le petit jardin de la scierie, Katel descend une chaise de paille pour le blessé ; elle lui cherche, au long des murailles, le coin le plus chaud où les raisins mûrissent le plus vite. Et Kadour, qui, en sa qualité de fils de kaïd, a fait ses études au collège arabe d'Alger, la remercie dans un français un peu barbare, émaillé de *bono bezeff* et de *macach bono*. Sans s'en douter, le bon turco est sous le charme. Cette facile gaîté de jeune Franque, qui vit libre comme un oiseau, sans voile au grand air, ni grillages à ses fenêtres, l'étonne et le ravit. Il y a loin de cela à la vie murée des femmes de son pays, aux petites moresques masquées de blanc et parfumées de verveine. Katel de son côté trouve Kadour un peu trop noir; mais il a l'air si bon, si brave, il déteste tant les Prussiens!... Une seule chose la fâche; c'est que là-bas, dans cette Algérie d'Afrique, les hommes ont le droit d'avoir plusieurs femmes. Katel ne comprend pas cela, elle. Aussi quand l'Algérien, pour la contrarier, lui dit dans son jargon : « Kadour marié bientôt... Lui prenir quatre femmes... Quatre. » Katel se met en colère. Hou! le vilain Kadour!... Le Païen!... Alors le turco rit d'un bon rire d'enfant; puis tout à coup il redevient sérieux et reste muet devant la jeune fille, en ouvrant des yeux si grands, si grands qu'on dirait qu'il veut l'emporter dans son regard.

C'est ainsi qu'ont commencé les amours de Kadour et de Katel.

※

Kadour, une fois guéri, est retourné chez son père;

et vous pensez s'il y en a eu des fêtes en son honneur au pays des Matmatas. Les flûtes de roseau et les petits tambours arabes ont joué leurs plus beaux airs pour le recevoir ; le vieux kaïd, assis devant sa porte, en voyant venir de loin dans l'allée de cactus ce fils chéri qu'il croyait mort, s'est mis à trembler sous ses burnouss de laine comme s'il avait pris les fièvres. Un mois durant, ça été dans la tribu une suite ininterrompue de *diffas*, de *fantasias*. Les kaïds, les agas du voisinage se disputaient l'honneur d'avoir Kadour-ben-Chérifa pour hôte, et tous les soirs, au café maure, on lui faisait raconter les grandes batailles où il s'était trouvé mêlé...

C'est égal ! tous ces honneurs, toutes ces fêtes ne rendent pas Kadour plus heureux. Dans la maison paternelle, entouré de tous ses souvenirs d'enfance, ses chevaux, ses lévriers, ses armes, il lui manque toujours quelque chose, la parole ouverte et le rire franc de Katel. Le petit gazouillis perpétuel des femmes arabes, qui lui faisait battre le cœur autrefois, maintenant le fatigue, l'ennuie. Il n'aime plus ni les coiffures de sequins, ni les chapelets de fleurs d'oranger, ni les grands pantalons de satin rose.

Parlez-lui plutôt des longues nattes tombant sans perles, ni gaze, ni fleurs, seulement traversées de fils d'or dans le soleil couchant d'un petit jardin d'Alsace.

Et pourtant si Kadour voulait!... Il y a, dans une tribu voisine de la sienne, de beaux yeux noirs qui le guettent derrière les fenêtres grillées de la maison de l'aga, de beaux yeux si allongés de kohl que le regard y ressemble à une paresse. Mais Kadour ne veut plus de ces yeux-là. Ce qu'il rêve, ce qu'il regrette, c'est ce bon regard de Katel qui faisait si vite le tour de la chambre pour voir si rien ne manquait au malade, et où la vie s'agitait toujours comme la lumière dans le bleu des gouttes d'eau.

※

Peu à peu cependant le charme des yeux bleus s'efface, ce charme tendre mêlé aux premières sorties, au premier réveil de la convalescence, et à ce climat de France si doux, si tempéré. Kadour a fini par oublier Katel. Dans toute la vallée du Chélif il n'est bruit que de son prochain mariage avec Yamina, la fille de l'aga du Djendel. Un matin, on a vu un long défilé de mules monter du côté de la ville; c'est Kadour-ben-Chérifa qui va avec son père acheter les présents de noces. Toute leur journée s'est passée à courir les bazars, à choisir les burnous lamés d'argent, les tapis de Smyrne, les colliers d'ambre, les pendants d'oreilles; et en maniant tous ces jolis bijoux, ces floches de soie, ces fines étoffes, Kadour pense à Yamina. L'Orient l'a repris tout à fait, mais bien plus par l'habitude, l'influence de l'atmosphère et des choses que par un lien de cœur.

Au jour tombant, les mules alignées, chargées de *couffins* de sparterie tout gonflés de richesses, descendaient la rue du faubourg, quand devant la cour du bureau arabe elles se sont trouvées arrêtées par un grand encombrement. C'étaient des émigrants qui venaient d'arriver. Comme il n'y avait rien de prêt pour les recevoir, les malheureux étaient là à réclamer, à se plaindre, à se renseigner. Les plus découragés restaient assis sur leurs bagages, fatigués de la traversée, gênés par la curiosité de la foule; et sur tous ces exilés, comme une tristesse de plus, le soleil couchant déclinait, la nuit tombait pour leur faire encore plus sombres l'inconnu du pays nouveau et l'étonnement de l'arrivée. Kadour les regardait machinalement. Mais tout à coup une grande émotion lui monta au cœur. Les costumes des vieux paysans, les corselets de velours des femmes, tous ces cheveux couleur de moisson mûre... Et voici que son rêve prend une figure nette. Il vient de reconnaître les traits doux, les grandes nattes et le sourire de Katel. Elle est là devant lui avec le vieux Rippert, la mère et les tout petits, bien loin de leur scierie et de la Sauerbach, qui coule toujours là-bas devant la petite maison abandonnée.

— Kadour !

— Katel !...

Lui, il est devenu tout pâle ; elle, elle a rougi un peu.

Allons ! voilà qui est dit. La maison du kaïd est grande ; et en attendant qu'on leur donne un coin de terre, les émigrants vont s'y installer. Vite la mère ramasse les paquets traînant autour d'elle. Elle appelle les petits qui jouaient déjà avec les enfants étrangers. On les met dans les *couffins* pêle-mêle parmi les étoffes ; et Katel rit de tout son cœur de se voir si grande sur une selle arabe. Kadour rit aussi, moins fort cependant, avec une émotion de bonheur contenu. Comme la nuit tombe et qu'il fait froid, il entoure son amie d'un beau burnous rayé, pris parmi les cadeaux de noces, d'un haïck brodé de perles ; et dans cet accoutrement qui se drape autour d'elle, se plisse, remue des franges, immobile et droite sur sa monture haute, elle a l'air d'une musulmane blonde qui aurait quitté son voile. Kadour y songe en la regardant. Alors il lui vient des idées folles, mille projets. Il pense déjà à rendre sa parole à la fille de l'aga, à se marier avec Katel, rien que Katel... Qui sait ? Peut-être un jour ils s'en reviendront ainsi de la ville, tous deux seuls dans un chemin de lauriers roses, elle rieuse sur sa mule, lui tenant la bride comme maintenant...

Et fiévreux, tout à son rêve, voilà qu'il veut donner le signal du départ ; mais Katel l'arrête d'une voix douce. — « Pas encore... Mon mari va venir. Il faut l'attendre. »

Katel était mariée. Pauvre Kadour !

LES TROIS CORBEAUX

> L'entrevue des trois Empereur
> a échoué au point de vue d'une
> alliance offensive et défensive...
> (*Journaux français, septembre* 1872.)

C'est le soir d'un jour de bataille. Du choc des deux armées, la nature est encore agitée tout autour. L'haleine enflammée des canons flotte sur la campagne en lourds nuages roux. L'air est plein de remous, comme une mer, après l'orage. On y sent trembler les terribles commotions de la journée; et la terre couverte de neige, troublée dans son repos d'hiver, se creuse, se ravine sous des marques de roues, des piétinements désespérés, des chutes d'hommes et de chevaux.

Labour sinistre! Dans des sillons de neige, la bataille a semé des morts. Les capotes grises ont des plis, des enroulements d'agonie. Des bras se lèvent des fossés comblés, et des pieds s'allongent roides et droits en poussant la terre devant eux.

Le visage découvert, pâle sous le ciel de plomb, un jeune soldat est couché. Ses mains sont noires de poudre, sa tunique percée de balles. Il était au plus fort de la bataille, en plein feu, et ses compagnons l'ont cru mort en le voyant tomber. Il vit pourtant, et il appelle avec tout ce qui lui reste de force ; mais rien ne lui répond que des plaintes et des râles...

A la fin, engourdi de froid et de souffrance, fatigué comme il est du sifflement de la mitraille, des éclairs des canons, de toutes les évolutions de la mêlée sanglante, il se sent tenté, envahi par le grand repos tranquille et lourd de la terre sur laquelle il s'étend, et tout prêt à s'abandonner pour le sommeil ou pour la mort.

Mais voici qu'à l'horizon immense, qui tient tout entier dans ses yeux entr'ouverts, trois points noirs apparaissent du côté du Nord et grossissent dans le ciel, à mesure qu'ils s'approchent. Ce sont des ailes, des ailes sombres qui se hâtent...

Bientôt elles s'arrêtent au-dessus de sa tête, et trois corbeaux immobiles restent là suspendus dans l'air blanc, avec ce déploiement, cette tranquillité des bêtes de proie dont l'œil guette... Dans l'atmosphère encore vibrante et confuse de la bataille, le battement presque imperceptible de ces grandes ailes à l'arrêt fait penser à trois drapeaux de combat portant chacun un corbeau noir qui plane.

— « Est-ce qu'ils viennent pour moi ? » se demande le blessé avec terreur, et tout son pauvre corps tressaille en voyant les trois corbeaux descendre de la nue, et se percher sur un petit tertre, à quelques pas de lui.

Ce sont de beaux oiseaux, ma foi ! gras, lustrés, bien nourris. Pas une plume ne manque à leurs ailes. Pourtant ces oiseaux-là vivent au milieu de la bataille. Ils ne vivent même que par elle; mais ils y assistent de très-loin, de très-haut, hors de la portée des balles, et ne descendent jamais que quand les régiments sont à terre, et que blessés et morts se confondent dans un sinistre nivellement.

En vérité ceux-ci ont l'air de corbeaux d'importance. Ils se saluent du bec, paradent l'un devant l'autre en marquant leurs griffes pointues dans la neige rougie; puis, quand ils ont bien fait les beaux, ils se mettent à croasser tout bas, tout bas sans quitter de l'œil le blessé.

— « Cousins, dit un des oiseaux noirs, je vous ai fait venir pour ce petit soldat de France qui est couché là devant vous. C'était un fier petit soldat, tout animé d'un singulier courage, mais sans prudence ni réflexion. Voyez sa capote trouée et comptez ce qu'il a fallu de balles pour le jeter par terre...

« Cousins, c'est une belle proie, et si vous voulez, nous nous la partagerons ; mais il faut attendre un peu avant d'aller à lui. Quoique ses armes soient brisées, tel qu'il est, nu-tête, les mains inertes, il serait encore à craindre s'il se ranimait... »

Celui qui parle est le plus gros de tous ; et les deux autres, tout en l'écoutant, se tiennent loin de son bec éroce et crochu. Il reprend : « Hourrah ! nous allons nous le partager. Moi je mangerai son cœur. C'est un cœur chaud, vaillant et qui rajeunira le mien. »

Tu entends ce qu'ils disent, petit soldat?... Est-ce que vraiment ton cœur ne bat plus?

L'autre corbeau prend la parole : « Moi, je mangerai ses yeux. Les yeux de France sont larges, clairs et rayonnants de vie. »

Vite, ouvre tes yeux, petit soldat, ouvre tes yeux s'ils voient encore.

Et le dernier : « Moi, je mangerai sa langue. Dans les pays latins, c'est encore le plus fin morceau. »

Mais parle, parle donc, et crie-leur bien fort que, malgré tout le sang que tu as perdu, il t'en reste encore dans les veines...

On dirait vraiment qu'il est mort, et quand, leur conférence finie, les trois oiseaux, à l'œil torve, au bec vorace, s'approchent de lui, les ailes tombantes, son corps n'a pas même frémi.

Pauvre petit soldat de France! Ils vont te dépecer tout entier, et s'acharner après toi. Ils emporteront jusqu'aux boutons de ta tunique; car ces oiseaux de pillage ramassent tout ce qui brille, même dans le sang.

Doucement, les trois corbeaux s'approchent, et le plus effronté se hasarde à le piquer au doigt. Cette fois, le petit soldat se réveille, et tressaille tout entier. « Il n'est pas mort... Il n'est pas mort... » se disent les bêtes peureuses, et elles regagnent leur tertre en sautant.

Oh! non. Le petit soldat de France n'est pas mort.

Voyez-le redresser sa tête, où l'indignation fait remonter un peu de vie. Son œil s'anime, sa narine se gonfle. Il lui semble que l'air est moins lourd, et qu'il respire mieux.

Un rayon de soleil d'hiver, rose et pâle, se traîne sur la terre saccagée; et pendant qu'il admire ce triste couchant, qui prend pour lui des lueurs d'aurore, voilà que, sous sa main étendue, la neige fondant à la chaleur laisse passer une pointe verte, un petit brin de blé en herbe.

O miracle de vie ! Le blessé se sent renaître. Appuyé de ses deux mains à la terre de la patrie, il essaie de se redresser. De loin, les trois corbeaux le guettent, prêts à partir; et lorsqu'ils le voient debout, cherchant autour de lui, d'un geste qui tremble encore, ses armes abandonnées, ils s'enlèvent ensemble et remontent vers le Nord déjà plein de nuit.

On entend dans le ciel des chocs d'ailes terribles et des claquements de bec. C'est un vol pressé, tumultueux, où il y a de la peur et de la colère. On dirait des bandits qui ont manqué leur coup, et qui se battent entre eux en fuyant.

SALVETTE ET BERNADOU

I

C'est la veille de Noël, dans une grosse ville de Bavière. Par les rues blanches de neige, dans la confusion du brouillard, le bruit des voitures et des cloches, la foule se presse, joyeuse, aux rôtisseries en plein vent, aux baraques, aux étalages. Frôlant avec un bruissement léger les boutiques enrubannées et fleuries, des branches de houx vert, des sapins entiers chargés de pendeloques passent portés à bras, dominant toutes les têtes, comme une ombre des forêts de Thuringe, un souvenir de nature dans la vie factice de l'hiver. Le jour tombe. Là-bas, derrière les jardins de la Résidence, on voit encore une lueur de soleil couchant, toute rouge à travers la brume, et il y a par la ville une telle gaieté, tant de préparatifs de fête que chaque lumière qui s'allume aux vitres semble pendre à un arbre de Noël. C'est qu'aujourd'hui n'est pas un Noël ordinaire! Nous sommes en l'an de grâce mil huit cent soixante-dix, et la naissance du Christ n'est qu'un prétexte de plus pour boire à l'illustre Von der Than et célébrer le triomphe des guerriers bavarois. Noël! Noël! Les juifs de la ville basse eux-mêmes sont en liesse. Voilà le vieil Augustus Cahn qui tourne en courant le coin de la *Grappe bleue*. Jamais ses yeux de furet n'ont relui comme ce soir. Jamais sa petite quouette en broussaille n'a frétillé si allégrement. Dans sa manche usée aux cordes des besaces est passé un honnête petit panier, plein jusqu'aux bords, couvert d'une serviette bise, avec le goulot d'une bouteille et une branche de houx qui dépassent.

Que diable le vieil usurier compte-t-il faire de tout cela? Est-ce qu'il fêterait Noël, lui aussi? Aurait-il réuni ses amis, sa famille, pour boire à la patrie allemande?... Mais non! Tout le monde sait bien que le vieux Cahn n'a pas de patrie. Son *Vaterland* à lui, c'est son coffre-fort. Il n'a pas de famille non plus, pas d'amis; rien que des créanciers. Ses fils, ses associés plutôt, sont partis depuis trois mois avec l'armée. Ils trafiquent là-bas derrière les fourgons de la landwehr, vendant de l'eau-de-vie, achetant des pendules, et les soirs de bataille, s'en allant retourner les poches des morts, éventrer les sacs tombés aux fossés des routes. Trop vieux pour suivre ses enfants, le père Cahn est resté en Bavière, et il y fait des affaires magnifiques avec les prisonniers français. Toujours à rôder autour des baraquements, c'est lui qui rachète les montres, les aiguillettes, les médailles, les bons sur la poste. On le voit se glisser dans les hôpitaux, dans les ambulances. Il s'approche du lit des blessés, et leur demande tout bas en son hideux baragouin :

« *Afez-fus guelgue jôsse à fentre?* »

Et tenez! en ce moment même, si vous le voyez trotter si vite avec son panier sous le bras, c'est que l'hôpital militaire ferme à cinq heures, et qu'il y a deux Français qui l'attendent là-haut dans cette grande maison noire aux fenêtres grillées et étroites, où Noël n'a, pour éclairer sa veillée, que les pâles lumières qui gardent le chevet des mourants...

II

Ces deux Français s'appellent Salvette et Bernadou. Ce sont deux chasseurs à pied, deux Provençaux du même village, enrôlés au même bataillon et blessés par le même obus. Seulement Salvette avait la vie plus dure, et déjà il commence à se lever, à faire quelques pas de son lit à la fenêtre. Bernadou, lui, ne veut pas guérir. Dans les rideaux blafards de son lit d'hospice, sa figure paraît plus maigre, plus languissante de jour en jour; et quand il parle du pays, du retour, c'est avec ce sourire triste des malades, où il y a bien plus de résignation que d'espérance. Aujourd'hui cependant il s'est animé un peu, en pensant à cette belle fête de Noël qui dans nos campagnes de Provence ressemble à un grand feu de joie allumé au milieu de l'hiver, en se rappelant les sorties des messes de minuit, l'église parée et lumineuse, les rues du village toutes noires, pleines de monde, puis la longue veillée autour de la table, les trois flambeaux traditionnels, l'aïoli, les escargots et la jolie cérémonie du *cacho fio* (bûche de Noël) que le grand-père promène autour de la maison et arrose avec du vin cuit.

« Ah! mon pauvre Salvette, quel triste Noël nous allons faire cette année!... Si seulement on avait eu de quoi se payer un petit pain blanc et une fiole de vin clairet!... Ça m'aurait fait plaisir, avant de passer l'arme à gauche, d'arroser encore une fois le *cacho fio* avec toi... »

Et en parlant de pain blanc et de vin clairet, le malade a ses yeux qui brillent. Mais comment faire? Ils n'ont plus rien, les malheureux, ni argent, ni montre. Salvette garde bien encore dans la doublure de sa veste un bon de poste de quarante francs. Seulement c'est pour le jour où ils seront libres, et la première halte qu'on fera dans une auberge de France. Cet argent-là est sacré. Pas moyen d'y toucher... Pourtant ce pauvre Bernadou est si malade! Qui sait s'il pourra jamais se remettre en route pour retourner là-bas? Et puisque voilà un beau Noël qu'on peut encore fêter ensemble, est-ce qu'il ne vaudrait pas mieux en profiter?...

Alors, sans rien dire à son *pays*, Salvette a décousu

sa tunique pour prendre le bon de poste, et quand le vieux Cahn est venu comme tous les matins faire sa tournée dans les salles, après de longs débats, des discussions à voix basse, il lui a glissé dans la main ce carré de papier, raide et jauni, sentant la poudre et taché de sang. Depuis ce moment, Salvette a pris un air de mystère. Il se frotte les mains et rit tout seul en regardant Bernadou. Et maintenant que le jour tombe, il est là à guetter, le front collé aux vitres, jusqu'à ce qu'il ait vu dans le brouillard de la place déserte le vieil Augustus Cahn tout essoufflé, qui arrive, un petit panier au bras.

III

Ce minuit solennel, qui sonne à tous les clochers de la ville, tombe lugubrement dans la nuit blanche des malades. La salle d'hospice est silencieuse, éclairée seulement par les veilleuses suspendues au plafond. De grandes ombres errantes flottent sur les lits, les murs nus, avec un balancement perpétuel qui semble la respiration oppressée de tous les gens étendus là. Par moment, il y a des rêves qui parlent haut, des cauchemars qui gémissent, pendant que de la rue montent un murmure vague, des pas, des voix, confondus dans la nuit sonore et froide comme sous un porche de cathédrale. On sent la hâte recueillie, le mystère d'une fête religieuse traversant l'heure du sommeil et mettant dans la ville éteinte la lueur sourde des lanternes et l'embrasement des vitraux d'église.

— « Est-ce que tu dors, Bernadou?... »

Tout doucement, sur la petite table, près du lit de son ami, Salvette a posé une bouteille de vin de Lunel, un pain rond, un joli pain de Noël où la branche de houx est plantée toute droite. Le blessé ouvre ses yeux cernés de fièvre. A la lumière indécise des veilleuses et sous le reflet blanc des grands toits où la lune s'éblouit dans la neige, ce Noël improvisé lui semble fantastique. — « Allons, réveille-toi, pays... Il ne sera pas dit que deux Provençaux auront laissé passer le réveillon, sans l'arroser d'un coup de clairette... » Et Salvette le redresse avec des soins de mère. Il emplit les gobelets, coupe le pain; et l'on trinque, et l'on parle de la Provence. Peu à peu Bernadou s'anime, s'attendrit. Le vin blanc, les souvenirs... Avec cette enfance que les malades retrouvent au fond de leur faiblesse, il demande à Salvette de lui chanter un Noël provençal. Le camarade ne demande pas mieux : « Voyons, lequel veux-tu ? Celui de *l'Hôte ?* ou les *Trois Rois ?* ou *Saint Joseph m'a dit ?*

— « Non ! j'aime mieux les *Bergers*. C'est celui que nous chantions toujours à la maison... »

Va pour les *Bergers !* A demi-voix, la tête dans les rideaux, Salvette commence à fredonner. Tout à coup, au dernier couplet, quand les pâtres ont déposé sur la crèche leur offrande d'œufs frais et de fromageons et que les congédiant d'un air affable,

> Joseph leur dit : Allons ! soyez bien sages,
> Tournez-vous-en et faites bon voyage.
> Bergers,
> Prenez votre congé.

voilà le pauvre Bernadou qui glisse et retombe lourdement sur l'oreiller. Son camarade, pensant qu'il s'endort, l'appelle, le secoue. Mais le blessé reste immobile, et la petite branche de houx en travers sur le drap rigide semble déjà la palme verte que l'on met au chevet des morts

Salvette a compris. Alors tout pleurant, un peu ivre de la fête et d'une si grande douleur, il reprend à pleine voix dans le silence du dortoir le joyeux refrain de Provence :

> Bergers,
> Prenez votre congé.

LE BON DIEU DE CHEMILLÉ

QUI N'EST NI POUR NI CONTRE

Légende de Touraine.

Le curé de Chemillé s'en allait porter le Bon Dieu à un malade.

Vraiment, c'était pitié de songer que quelqu'un pouvait mourir par un si beau jour d'été, en plein *Angelus* de midi, le moment de la vie et de la lumière.

C'était pitié aussi de songer que ce pauvre curé avait été obligé de se mettre en route tout de suite en sortant de table, à l'heure où d'habitude il allait — le bréviaire aux mains — faire un bout de sieste sous sa petite tonnelle de vigne, au frais et au repos, d'un joli jardin plein de pêches mûres et de roses trémières.

« Seigneur, je vous l'offre, » pensait le saint homme en soupirant, et monté sur un âne gris, avec son Bon Dieu devant lui en travers du bât, il suivait le petit chemin à mi-côte entre la roche rouge toute piquée de mousses en fleurs, et la pente de cailloux et de hautes broussailles qui dégringolait jusqu'aux prairies.

L'âne pareillement, le pauvre âne, soupirait : « Seigneur, je vous l'offre, » et il le soupirait à sa manière, en levant tantôt une oreille, tantôt l'autre, pour chasser les mouches qui le tourmentaient.

C'est qu'elles sont méchantes et bourdonnantes, les mouches de midi ; avec cela, la côte à monter, et le curé de Chemillé, qui pesait si lourd, surtout en sortant de table.

De temps en temps des paysans passaient sur le chemin et se rangeaient un brin pour faire place au Bon Dieu, avec ce coup de chapeau particulier des paysans de Touraine ; l'œil malin et le salut respectueux, le regard qui a l'air de se moquer du geste.

A chacun M. le curé rendait son salut pour le compte

du Bon Dieu, très-poliment, mais sans bien savoir ce qu'il faisait, car sa tête commençait à se remplir de sommeil...

Le temps était chaud, la route blanche. Au bas du coteau, derrière les peupliers, les petits flots de la Loire ressemblaient à des écailles d'argent éblouissantes. Toute cette lumière répandue, ces bourdonnements d'abeilles qui soulevaient des poussières de fleurs sur la route, le chant des grives dans les vignes, un chant heureux de petite bête gourmande et rassasiée, achevaient d'assoupir le curé, tout étourdi déjà par un bon déjeuner de vin blanc et de rillettes...

... Voilà que passé Villandry, là où la roche devient plus haute et le raidillon plus étroit, le curé de Chemillé fut tiré vivement de son sommeil par les « dia ! hue ! » d'un charretier qui s'en venait en face de lui, avec un grand chariot de foin balancé lourdement à chaque tour de roue.

Le moment était critique. Même en se serrant le plus possible contre la roche, il n'y avait pas place pour deux dans le chemin... Redescendre jusqu'à la grand'route? Le curé ne le pouvait pas, ayant pris ce sentier pour aller plus vite et sachant son malade à toute extrémité. C'est ce qu'il essaya d'expliquer au charretier ; mais le rustre ne voulait rien entendre.

« J'en suis fâché, monsieur le curé, dit-il sans retirer sa pipe, mais la journée est trop chaude pour que je m'en retourne vers Azay par le détour. Bon pour vous, qui vous en allez bien tranquillement sur votre âne...

— Mais, malheureux, tu n'as donc pas vu ce que j'ai là ?... C'est le Bon Dieu, mauvais chrétien, le Bon Dieu de Chemillé que je porte à un malade.

— Je suis de Villandry, ricana le charretier... Le Bon Dieu de Chemillé ne me regarde pas... Dia ! hue ! » et le païen allongea un coup de fouet à son attelage pour le faire avancer, au risque d'envoyer l'âne et tout ce qu'il y avait dessus rouler au bas du coteau, dans le pâturage.

Notre curé n'était patient que tout juste. — « Ah ! c'est comme cela. Eh bien, attends ! » Et, sautant à bas de sa bête, il posa bien délicatement le Bon Dieu de Chemillé au bord du chemin, sur une touffe de serpolet, parmi les genêts d'or et les lychnis blancs, vraie nappe d'autel fleurie et parfumée, comme on n'en trouve pas même à la cathédrale de Saint-Martin-de-Tours...

Puis le saint homme s'agenouilla et fit cette courte prière: « Bon Dieu de Chemillé, tu vois ce qui m'arrive et que ce mécréant va m'obliger de le mettre à la raison. Pour ce faire, je n'ai besoin de personne, ayant les poignets très-solides et le bon droit de mon côté... Reste donc là bien tranquille à regarder notre bataille et ne sois ni pour ni contre. Son affaire sera vite réglée. »

Sa prière dite, il se releva et commença par retrousser ses manches, ce qui fit voir après ses mains, ses belles mains de curé douces et polies par les bénédictions, deux poignets de boulanger solides comme des nœuds de frêne...

Vli! vlan! Du premier coup, le charretier eut sa pipe cassée entre les dents. Du second, il se trouva couché au fond du fossé, honteux, moulu, immobile. Après quoi le curé fit reculer la charrette, la rangea bien soigneusement au long du talus, la tête du cheval dans l'ombre d'un mûrier, et s'en alla au petit trot vers son malade, qu'il trouva assis dans ses rideaux d'indienne, remis de sa fièvre comme par miracle et en train de déboucher un vieux flacon de Vouvray mousseux, pour bien se reprendre à la vie. Je vous laisse à penser si notre curé l'aida dans son opération.

Depuis ce temps-là, le Bon Dieu de Chemillé est très-populaire en Touraine, et c'est lui que les Tourangeaux invoquent dans toutes leurs disputes : « Bon Dieu de Chemillé ne sois ni pour ni contre... » Et qu'ils ont, ma foi ! bien raison. C'est le vrai Dieu des batailles, ce Dieu de Chemillé qui ne fait de faveurs à personne et laisse chacun triompher selon sa force et son bon droit. Aussi quand luira le jour — vous savez, mes amis, ce que je veux dire, — ce n'est pas au vieux Sabaoth, le sanguinaire ami d'Augusta et de Guillaume, ce Sabaoth qu'on prend avec des *Te Deum* et des messes en musique, non ! ce n'est pas à celui-là qu'il faut adresser nos prières, mais au Bon Dieu de Chemillé, et voici ce que nous lui dirons :

PRIÈRE

Bon Dieu de Chemillé, les Français te prient. Tu sais ce que ces gens de là-bas nous ont fait... Maintenant l'heure de la revanche est venue... Pour la prendre, nous n'avons besoin de toi, ni de personne, ayant cette fois de bons canons, des boutons à toutes nos guêtres et le droit de notre côté. Reste donc là bien tranquille à regarder notre bataille, et ne sois ni pour ni contre. L'affaire de ces gueux sera vite réglée.

Ainsi-soit-il !

WOOD'STOWN

— CONTE FANTASTIQUE —

L'emplacement était superbe pour bâtir une ville. Il n'y avait qu'à déblayer les bords du fleuve, en abattant une partie de la forêt, de l'immense forêt vierge enracinée là depuis la naissance du monde. Alors abritée tout autour par des collines boisées, la ville descendrait jusqu'aux quais d'un port magnifique, établi dans l'embouchure de la Rivière-Rouge, à quatre milles seulement de la mer.

Dès que le gouvernement de Washington eut accordé la concession, charpentiers et bûcherons se mirent à l'œuvre; mais vous n'avez jamais vu une forêt pareille. Cramponnée au sol de toutes ses lianes, de toutes ses racines, quand on l'abattait par un bout elle repoussait d'un autre, se rajeunissait de ses blessures ; et chaque coup de hache faisait sortir des bourgeons verts. Les rues, les places de la ville à peine tracées étaient envahies par la végétation. Les murailles grandissaient moins vite que les arbres, et sitôt élevées, croulaient sous l'effort des racines toujours vivantes.

Pour venir à bout de cette résistance où s'émoussait le fer des cognées et des haches, on fut obligé de recourir au feu. Jour et nuit une fumée étouffante emplit l'épaisseur des fourrés, pendant que les grands arbres au-dessus flambaient comme des cierges. La forêt essaya de lutter encore, retardant l'incendie avec des flots de séve et la fraîcheur sans air de ses feuillages pressés. Enfin, l'hiver arriva. La neige s'abattit comme une seconde mort sur les grands terrains pleins de troncs noircis, de racines consumées. Désormais on pouvait bâtir.

Bientôt une ville immense, toute en bois comme Chicago, s'étendit aux bords de la Rivière-Rouge, avec ses larges rues alignées, numérotées, rayonnant autour des places, sa Bourse, ses halles, ses églises, ses écoles, et tout un attirail maritime de hangars, de douanes, de docks, d'entrepôts, de chantiers de construction pour les navires. La ville de bois, Wood'stown — comme on l'appela — fut vite peuplée par les essuyeurs de plâtres des villes neuves. Une activité fiévreuse circula dans tous ses quartiers; mais sur les collines environnantes, dominant les rues pleines de foule et le port encombré de vaisseaux, une masse sombre et menaçante s'étalait en demi-cercle. C'était la forêt qui regardait.

Elle regardait cette ville insolente qui lui avait pris sa place au bord du fleuve, et trois milles d'arbres gigantesques. Tout Wood'stown était fait avec sa vie à elle. Les hauts mâts qui se balançaient là-bas dans le port, ces toits innombrables abaissés l'un vers l'autre, jusqu'à la dernière cabane du faubourg le plus éloigné, elle avait tout fourni, même les instruments de travail, même les meubles, mesurant seulement ses services à la longueur de ses branches. Aussi quelle rancune terrible elle gardait contre cette ville de pillards!

Tant que l'hiver dura, on ne s'aperçut de rien. Les gens de Wood'stown entendaient parfois un craquement sourd dans leurs toitures, dans leurs meubles. De temps en temps, une muraille se fendait, un comptoir de magasin éclatait en deux bruyamment. Mais le bois neuf est sujet à ces accidents, et personne n'y attachait d'importance. Cependant, aux approches du printemps, — un printemps subit, violent, si riche de séves qu'on en sentait sous terre comme un bruissement de sources, — le sol commença à s'agiter, soulevé par des forces invisibles et actives. Dans chaque maison, les meubles, les parois des murs se gonflèrent, et l'on vit sur les planchers de longues boursouflures comme au passage d'une taupe. Ni portes, ni fenêtres, rien ne marchait plus. — « C'est l'humidité, disaient les habitants. Avec la chaleur, cela passera. »

Tout à coup, au lendemain d'un grand orage venu de la mer, qui apportait l'été dans ses éclairs brûlants et sa pluie tiède, la ville en se réveillant eut un cri de stupeur. Les toits rouges des monuments publics, les clochers des églises, le plancher des maisons et jusqu'au bois des lits, tout était saupoudré d'une teinte verte, mince comme une moisissure, légère comme une dentelle. De près, c'était une quantité de bourgeons microscopiques, où l'enroulement des feuilles se voyait déjà. Cette bizarrerie des pluies amusa sans inquiéter; mais, avant le soir, des bouquets de verdure s'épanouissaient partout sur les meubles, sur les murailles. Les branches poussaient à vue d'œil ; légèrement retenues dans la main, on les sentait grandir et se débattre comme des ailes.

Le jour suivant, tous les appartements avaient l'air de serres. Des lianes suivaient les rampes d'escalier. Dans les rues étroites, des branches se joignaient d'un toit à l'autre, mettant au dessus de la ville bruyante l'ombre des avenues forestières. Cela devenait inquiétant. Pendant que les savants réunis délibéraient sur ce cas de végétation extraordinaire, la foule se pressait dehors pour voir les différents aspects du miracle. Les cris de surprise, la rumeur étonnée de tout ce peuple inactif donnaient de la solennité à cet étrange événement. Soudain quelqu'un cria : « Regardez donc la forêt ! » et l'on s'aperçut avec terreur que depuis deux jours le demi-cercle verdoyant s'était beaucoup rapproché. La forêt avait l'air de descendre vers la ville. Toute une avant-garde de ronces, de lianes s'allongeait jusqu'aux premières maisons des faubourgs.

Alors Wood'stown commença à comprendre et à

avoir peur. Evidemment la forêt venait reconquérir sa place au bord du fleuve ; et ses arbres, abattus, dispersés, transformés, se déprisonnaient pour aller au-devant d'elle. Comment résister à l'invasion ? Avec le feu, on risquait d'embraser la ville entière. Et que pouvaient les haches contre cette séve sans cesse renaissante, ces racines monstrueuses attaquant le sol en dessous, ces milliers de graines volantes qui germaient en se brisant et faisaient pousser un arbre partout où elles tombaient ?

Pourtant tout le monde se mit bravement à l'œuvre avec des faux, des herses, des cognées ; et l'on fit un immense abattis de feuillages. Mais en vain. D'heure en heure la confusion des forêts vierges, où l'entrelacement des lianes joint entre elles des pousses gigantesques, envahissait les rues de Wood'stown. Déjà les insectes, les reptiles faisaient irruption. Il y avait des nids dans tous les coins, et de grands coups d'ailes, et des masses de petits becs jaseurs. En une nuit les greniers de la ville furent épuisés par toutes les couvées écloses. Puis comme une ironie au milieu de ce désastre, des papillons de toutes grandeurs, de toutes couleurs volaient sur les grappes fleuries, et les abeilles prévoyantes qui cherchent des abris sûrs, au creux de ces arbres si vite poussés installaient leurs rayons de miel comme une preuve de durée.

Vaguement, dans la houle bruyante des feuillages, on entendait les coups sourds des cognées et des haches ; mais le quatrième jour tout travail fut reconnu impossible. L'herbe montait trop haute, trop épaisse. Des lianes grimpantes s'accrochaient aux bras des bûcherons, garrottaient leurs mouvements. D'ailleurs les maisons étaient devenues inhabitables ; les meubles, chargés de feuilles, avaient perdu leurs formes. Les plafonds s'effondraient, percés par la lance des yuccas, la longue épine des acajoux ; et à la place des toitures s'étalait le dôme immense des catalpas. C'est fini. Il fallait fuir.

A travers le réseau de plantes et de branches qui se resserraient de plus en plus, les gens de Wood'stown épouvantés se précipitèrent vers le fleuve, emportant le plus qu'ils pouvaient de richesses, d'objets précieux. Mais que de peine pour gagner le bord de l'eau ! Il n'y avait plus de quais. Rien que des roseaux gigantesques. Les chantiers maritimes, où s'abritaient les bois de construction, avaient fait place à des forêts de sapins; et dans le port tout en fleurs, les navires neufs semblaient des îlots de verdure. Heureusement qu'il se trouvait là quelques frégates blindées sur lesquelles la foule se réfugia et d'où elle put voir la vieille forêt joindre victorieusement la forêt nouvelle.

Peu à peu les arbres confondirent leurs cimes; et sous le ciel bleu plein de soleil, l'énorme masse de feuillage s'étendit des bords du fleuve à l'horizon lointain. Plus trace de ville, ni de toits, ni de murs. De temps en temps un bruit sourd d'écroulement, dernier écho de la ruine, ou le coup de hache d'un bûcheron enragé, retentissait sous la profondeur du feuillage. Puis plus rien que le silence vibrant, bruissant, bourdonnant, des nuées de papillons blancs tournoyant sur la rivière déserte, et là-bas, vers la haute mer, un navire qui s'enfuyait, trois grands arbres verts dressés au milieu de ses voiles, emportant les derniers émigrés de ce qui fut Wood'stown...

EN CAMARGUE

A mon ami
Timoléon Ambroy

I

— LE DÉPART —

Grande rumeur au château. Le messager vient d'apporter un mot du garde moitié en français, moitié en provençal, annonçant qu'il y a eu déjà deux ou trois beaux passages de *galéjons*, de *charlottines*, et que les oiseaux de *prime* non plus ne manquent pas. Depuis ce moment-là tout le monde a la fièvre. L'un fabrique des cartouches, l'autre essaye des houseaux. Dans de grands paniers fragiles à cause des bouteilles entourées de paille, les provisions s'entassent, s'entassent, comme si on partait pour le désert... Enfin tout est prêt. Un matin, au petit jour de quatre heures, le break attelé s'arrête au bas du perron.

Dans la basse-cour à demi réveillée les chiens bondissent de joie, se pressent à la grille en voyant luire les fusils. Le vieux Miracle, doyen du chenil, Ramette, Miraclet, tous prennent place entre nos jambes dans la voiture ; et bientôt nous roulons sur la route d'Arles, un peu sèche, un peu dépouillée, par ce matin de décembre où la verdure pâle des oliviers est à peine visible, et la verdure crue des chênes-kermès un peu trop hivernale et factice. Les étables se remuent. Il y a des réveils avant jour qui allument la vitre des fermes ; et dans les découpures de pierre de l'abbaye de Montmajour, des orfraies encore engourdies de sommeil battent de l'aile parmi les ruines. Pourtant nous croisons déjà le long des fossés de vieilles paysannes qui vont au marché au trot lent de leurs bourriquets. Elles viennent de la Ville-des-Baux. Six grandes lieues pour s'asseoir une heure sur les marches de Saint-Trophyme et vendre des petits paquets de simples ramassés dans la montagne...

Maintenant voici les remparts d'Arles, des remparts bas et crénelés comme on en voit sur les anciennes estampes où des guerriers armés de lances apparaissent en haut de talus moins grands qu'eux. Nous traversons au galop cette merveilleuse petite ville, une des plus pittoresques de France avec ses balcons sculptés, arrondis, s'avançant comme des moucharabies jusqu'au milieu des rues étroites, ses vieilles maisons noires aux petites portes mauresques, ogivales et basses, qui vous reportent au temps de Guillaume Court-Nez et des Sarrasins. A cette heure, il n'y a encore personne dehors. Le quai du Rhône seul est animé. Le bateau à vapeur qui fait le service de la Camargue chauffe au bas des marches, prêt à partir. Des *ménagers* en veste de cadis roux, des filles de la Roquette qui vont se louer pour les travaux des fermes montent sur le pont avec nous, causant et riant entre eux. Sous les longues mantes brunes rabattues à cause de l'air vif du matin, la haute coiffure arlésienne fait la tête élégante et petite avec un joli grain d'effronterie, une envie de se dresser pour lancer le rire ou la malice plus loin... La cloche sonne; nous partons. Avec la triple vitesse du Rhône, de l'hélice, du mistral, les deux rivages se déroulent. D'un côté c'est la Crau, une plaine aride, pierreuse. De l'autre, la Camargue, plus verte, qui prolonge jusqu'à la mer son herbe courte et ses marais pleins de roseaux.

De temps en temps le bateau s'arrête près d'un ponton, à gauche ou à droite, à Empire ou à Royaume comme on disait au moyen âge, du temps du royaume d'Arles, et comme les vieux mariniers du Rhône disent encore aujourd'hui. A chaque ponton, une ferme blanche, un bouquet d'arbres. Les travailleurs descendent chargés d'outils, les femmes leur panier au bras, droites sur la passerelle. Vers Empire ou vers Royaume peu à peu le bateau se vide, et quand il arrive au ponton du Mas-de-Giraud où nous descendons, il n'y a presque plus personne à bord.

Le Mas-de-Giraud est une vieille ferme des seigneurs de Barbentane, où nous entrons pour attendre le garde qui doit venir nous chercher. Dans la haute cuisine, tous les hommes de la ferme, laboureurs, vignerons, bergers, bergerots, sont attablés, graves, silencieux, mangeant lentement et servis par les femmes qui ne mangeront qu'après. Bientôt le garde paraît avec la carriole. Vrai type à la Fenimore, trappeur de terre et d'eau, garde-pêche et garde-chasse, les gens du pays l'appellent *lou Roudeïroù* (le rôdeur), parce qu'on le voit toujours dans les brumes d'aube ou de jour tombant caché pour l'affût parmi les roseaux, ou bien immobile dans son petit bateau, occupé à surveiller ses nasses sur les *clairs* (les étangs) et les *roubines* (canaux d'irrigation). C'est peut-être ce métier d'éternel guetteur qui le rend aussi silencieux, aussi concentré. Pourtant, pendant que la petite carriole chargée de fusils et de paniers marche devant nous, il nous donne des nouvelles de la chasse, le nombre de passages, les quartiers où les oiseaux voyageurs se sont abattus. Tout en causant, on s'enfonce dans le pays.

Les terres cultivées dépassées, nous voici en pleine Camargue sauvage. A perte de vue, parmi les pâturages, des marais, des roubines luisent dans les salicornes. Des bouquets de tamaris et de roseaux font des îlots comme sur une mer calme. Pas d'arbres hauts. L'aspect uni, immense, de la plaine n'est pas troublé. De loin en loin, des parcs de bestiaux étendent leurs toits bas presque au ras de terre. Des troupeaux dispersés, couchés dans les herbes salines, ou cheminant serrés autour de la cape rousse du berger, n'interrompent pas la grande ligne uniforme, amoindris qu'ils sont par cet espace infini d'horizons bleus et de ciel ouvert. Comme de la mer unie malgré ses vagues, il se dégage de cette plaine un sentiment de solitude, d'immensité, accru encore par le mistral qui souffle sans relâche, sans obstacle, et de son haleine puissante semble aplanir, agrandir le paysage. Tout se courbe devant lui. Les moindres arbustes gardent l'empreinte de son passage, en restent tordus, couchés vers le sud dans l'attitude d'une fuite perpétuelle.....

II

— LA CABANE —

Un toit de roseaux, des murs de roseaux desséchés et jaunes, c'est la cabane. Ainsi s'appelle notre rendez-vous de chasse. Type de la maison camarguaise, la cabane se compose d'une unique pièce, haute, vaste, sans fenêtre, et prenant jour par une porte vitrée qu'on ferme le soir avec des volets pleins. Tout le long des grands murs crépis, blanchis à la chaux, des râteliers attendent les fusils, les carniers, les bottes de marais. Au fond cinq ou six-berceaux sont angés autour d'un vrai mât planté au sol et montant squ'au toit auquel il sert d'appui. La nuit, quand le mistral souffle et que la maison craque de partout, avec la mer lointaine et le vent qui la rapproche, porte son bruit, le continue en l'enflant, on se croirait couché dans la chambre d'un bateau.

Mais c'est l'après-midi surtout que la cabane est charmante. Par nos belles journées d'hiver méridional, j'aime rester tout seul près de la haute cheminée où fument quelques pieds de tamaris. Sous les coups du mistral ou de la tramontane, la porte saute, les roseaux crient, et toutes ces secousses sont un bien petit écho du grand ébranlement de la nature autour de moi. Le soleil d'hiver fouetté par l'énorme courant s'éparpille, joint ses rayons, les disperse. De grandes ombres courent sous un ciel bleu admirable. La lumière arrive par saccades, les bruits aussi, et les sonnailles des troupeaux entendues tout à coup, puis oubliées, perdues dans le vent, reviennent chanter sous la porte ébranlée avec le charme d'un refrain... L'heure exquise, c'est le crépuscule, un peu avant que les chasseurs n'arrivent. Alors le vent s'est calmé. Je sors un moment. En paix le grand soleil rouge descend, enflammé, sans chaleur. La nuit tombe, vous frôle en passant de son aile noire toute humide. Làbas au ras du sol la lumière d'un coup de feu passe avec l'éclat d'une étoile rouge avivée par l'ombre environnante. Dans ce qui reste de jour, la vie se hâte. Un long triangle de canards vole très-bas comme s'ils voulaient prendre terre, mais tout à coup la cabane, où le *cœleil* est allumé, les éloigne. Celui qui tient la tête de la colonne dresse le cou, remonte, et tous les autres derrière lui s'emportent plus haut avec des cris sauvages.

Bientôt un piétinement immense se rapproche, pareil à un bruit de pluie. Des milliers de moutons, rappelés par les bergers, harcelés par les chiens dont on entend le galop confus et l'haleine haletante, se pressent vers les parcs, peureux et indisciplinés. Je suis envahi, frôlé, confondu dans ce tourbillon de laines frisées, de bêlements, une houle véritable où les bergers semblent portés avec leur ombre par des flots bondissants.... Derrière les troupeaux, voici des pas connus, des voix joyeuses. La cabane est pleine, animée, bruyante. Les sarments flambent. On rit d'autant plus qu'on est plus las. C'est un étourdissement d'heureuse fatigue, les fusils dans un coin, les grandes bottes jetées pêle-mêle, les carniers vides, et à côté les plumages roux, dorés, verts, argentés, tout tachés de sang. La table est mise; et dans la fumée d'une bonne soupe d'anguilles, le silence se fait, le grand silence des appétits robustes, interrompu seulement par les grognements féroces des chiens qui lapent leur écuelle à tâtons devant la porte...

La veillée sera courte. Déjà près du feu clignotant lui aussi, il ne reste plus que le garde et moi. Nous causons, c'est-à-dire nous nous jetons de temps en temps l'un à l'autre des demi-mots à la façon des paysans, de ces interjections presque indiennes, courtes et vite éteintes comme les dernières étincelles des sarments consumés. Enfin le garde se lève, allume sa lanterne, et j'écoute son pas lourd qui se perd dans la nuit...

III

— A L'ESPÈRE! (A L'AFFUT!) —

L'espère! quel joli nom pour désigner l'affût, l'attente du chasseur embusqué, et ces heures indécises où tout attend, *espère*, hésite entre le jour et la nuit. L'affût du matin un peu avant le lever du soleil, l'affût du soir au crépuscule. C'est ce dernier que je préfère, surtout dans ces pays marécageux où l'eau des *clairs* garde si longtemps la lumière...

Quelquefois on tient l'affût dans le *negochin* (le naye-chien), un tout petit bateau sans quille, étroit, roulant au moindre mouvement. Abrité par les roseaux, le chasseur guette les canards du fond de sa barque, que dépassent seulement la visière d'une casquette, le canon du fusil, et la tête du chien flairant le vent, happant les moustiques, ou bien de ses grosses pattes étendues penchant tout le bateau d'un côté et le remplissant d'eau. Cet affût-là est trop compliqué pour mon inexpérience. Aussi, le plus souvent, je vais à *l'espère* à pied, barbottant en plein marécage avec d'énormes bottes taillées dans toute la longueur du cuir. Je marche lentement, prudemment, de peur de m'envaser. J'écarte les roseaux pleins d'odeurs saumâtres et de sauts de grenouilles...

Enfin, voici un îlot de tamaris, un coin de terre sèche où je m'installe. Le garde, pour me faire honneur, a laissé son chien avec moi, un énorme chien des Pyrénées à grande toison blanche, chasseur et pêcheur de premier ordre, et dont la présence ne laisse pas que de m'intimider un peu. Quand une poule d'eau passe à ma portée, il a une certaine façon ironique de me regarder en rejetant en arrière, d'un coup de tête à l'artiste, deux longues oreilles flasques qui lui pendent dans les yeux; puis des poses à l'arrêt, des frétillements de queue, toute une mimique d'impatience pour me dire : « Tire... tire donc ! » Je tire, je manque. Alors allongé de tout son corps, il bâille et s'étire d'un air las, découragé et insolent !...

Eh! bien, oui, j'en conviens, je suis un mauvais chasseur. L'affût, pour moi, c'est l'heure qui tombe, la lumière diminuée, réfugiée dans l'eau, les étangs qui luisent, polissant jusqu'au ton de l'argent fin la teinte grise du ciel assombri. J'aime cette odeur d'eau, ce frôlement mystérieux des insectes dans les roseaux, ce petit murmure des longues feuilles qui frissonnent. De temps en temps, une note triste passe et roule dans le ciel comme un ronflement de conque marine. C'est le butor qui plonge au fond de l'eau son bec immense d'oiseau-pêcheur et souffle..... rrrouououou!..... Des vols de grues filent sur ma tête. J'entends le froissement des plumes, l'ébouriffement du duvet dans l'air vif, et jusqu'au craquement de la petite armature surmenée. Puis plus rien. C'est la nuit, la nuit profonde, avec un peu de jour resté sur l'eau...

Tout à coup j'éprouve un tressaillement, une espèce de gêne nerveuse, comme si j'avais quelqu'un derrière moi. Je me retourne et j'aperçois le compagnon des belles nuits, la lune, une large lune toute ronde qui se lève doucement avec un mouvement d'ascension d'abord très-sensible, et se ralentissant à mesure qu'elle s'éloigne de l'horizon.

Déjà un premier rayon est distinct près de moi, puis un autre un peu plus loin... Maintenant tout le marécage est allumé. La moindre touffe d'herbe a son ombre. L'affût est fini, les oiseaux nous voient ; il faut rentrer. On marche au milieu d'une inondation de lumière bleue, légère, poussiéreuse, et chacun de nos pas dans les *clairs*, dans les *roubines*, y remue des tas d'étoiles tombées et des rayons de lune qui traversent l'eau jusqu'au fond.

IV

— LE ROUGE ET LE BLANC —

Tout près de chez nous, à une portée de fusil de la cabane, il y en a une autre qui lui ressemble, mais plus rustique. C'est là que notre garde habite avec sa femme et ses deux aînés ; la fille, qui soigne le repas des hommes, raccommode les filets de pêche ; le garçon qui aide son père à relever les nasses, à surveiller les *martilières* (vannes) des étangs. Les deux plus jeunes sont à Arles chez la grand'mère, et ils y resteront jusqu'à ce qu'ils aient appris à lire et qu'ils aient fait leur *bon jour* (première communion); car ici on est trop loin de l'église et de l'école, et puis l'air de la Camargue ne vaudrait rien pour ces petits. Le fait est que, l'été venu, quand les marais sont à sec et que la vase blanche des *roubines* se crevasse à la grande chaleur, l'île n'est vraiment pas habitable.

J'ai vu cela une fois au mois d'août, en venant tirer les hallebrands, et je n'oublierai jamais l'aspect triste et féroce de ce paysage embrasé. De place en place, les étangs vidés fumaient au soleil comme d'immenses cuves, gardant tout au fond un reste de vie qui s'agitait, un grouillement de salamandres, d'araignées, de mouches d'eau cherchant des coins humides. Il y avait là un air de peste, une brume de miasmes lourdement flottante qu'épaississaient encore d'innombrables tourbillons de moustiques. Chez le garde, tout le monde grelottait, tout le monde avait la fièvre, et c'était pitié de voir les visages jaunes, tirés, les yeux cerclés trop grands de ces malheureux condamnés à se traîner pendant trois mois sous ce plein soleil inexorable qui brûle les fiévreux sans les réchauffer... Triste et pénible vie que celle de garde-chasse en Camargue! Encore celui-là a sa femme et ses enfants près de lui ; mais à deux lieues plus loin, dans le marécage, demeure un gardien de chevaux qui, lui, vit absolument seul d'un bout de l'année à l'autre et mène une véritable existence de Robinson. Dans sa cabane de roseaux, qu'il a construite lui-même, pas un ustensile qui ne soit son ouvrage, depuis le hamac d'osier tressé, les trois pierres noires assemblées en foyer, les pieds de tamaris taillés en escabeaux, jusqu'à la serrure et la clef de bois blanc fermant cette singulière habitation.

L'homme est au moins aussi étrange que son logis. C'est une espèce de philosophe silencieux comme les solitaires, abritant sa méfiance de paysan sous d'épais sourcils en broussailles. Quand il n'est pas dans le pâturage, on le trouve assis devant sa porte, déchiffrant lentement, avec une application enfantine et touchante, une de ces petites brochures roses, bleues ou jaunes qui entourent les fioles pharmaceutiques dont il se sert pour ses chevaux. Le pauvre diable n'a pas d'autre distraction que la lecture, ni d'autres livres que ceux-là. Quoique voisins de cabane, notre garde et lui ne se voient pas. Ils évitent même de se rencontrer. Un jour que je demandais au *roudeirou* la raison de cette antipathie, il me répondit d'un air grave : « C'est à cause des opinions... Il est rouge, et moi je suis blanc. »

Ainsi même dans ce désert dont la solitude aurait dû les rapprocher, ces deux sauvages, aussi ignorants, aussi naïfs l'un que l'autre, ces deux bouviers de Théocrite, qui vont à la ville à peine une fois par an et à qui les petits cafés d'Arles, avec leurs dorures et leurs glaces, donnent l'éblouissement du palais des Ptolémées, ont trouvé moyen de se haïr au nom de leurs convictions politiques !

V

— LE VACCARÈS —

Ce qu'il y a de plus beau en Camargue, c'est le Vaccarès. Souvent, abandonnant la chasse, je viens m'asseoir au bord de ce lac salé, une petite mer qui semble un morceau de la grande, enfermé dans les terres et devenu familier par sa captivité même. Au lieu de ce dessèchement, de cette aridité qui attristent d'ordinaire les côtes, le Vaccarès, sur son rivage un peu haut, tout vert d'herbe fine, veloutée, étale une flore originale et charmante, des centaurées, des trèfles d'eau, des gentianes et ces jolies *saladelles* bleues en hiver, rouges en été, qui transforment leur couleur au changement d'atmosphère, et dans une floraison ininterrompue marquent les saisons de leurs tons divers.

Vers cinq heures du soir, à l'heure où le soleil décline, ces trois lieues d'eau sans une barque, sans une voile pour limiter, transformer leur étendue, ont un aspect admirable. Ce n'est plus le charme intime des *clairs*, des *roubines* apparaissant de distance en distance entre les plis d'un terrain marneux sous lequel on sent l'eau filtrer partout, prête à se montrer à la moindre dépression du sol. Ici l'impression est grande, large. De loin ce rayonnement de vagues attire des troupes de macreuses, des hérons, des butors, des flamands au ventre blanc, aux ailes roses, s'alignant pour pêcher tout le long du rivage de façon à disposer leurs teintes diverses en une longue bande égale; et puis des ibis, de vrais ibis d'Égypte, bien chez eux dans ce soleil splendide et ce paysage muet. De ma place, en effet, je n'entends rien que l'eau qui clapote, et la voix du gardien qui rappelle ses chevaux dispersés sur le bord. Ils ont tous des noms retentissants : « Cifer !... (Lucifer)... L'Estello !... L'Estournello !... » Chaque bête, en s'entendant nommer, accourt, la crinière au vent, et vient manger l'avoine dans la main du gardien...

Plus loin, toujours sur la même rive, se trouve une grande *manado* (troupeau) de bœufs paissant en liberté comme les chevaux. De temps en temps j'aperçois au-dessus d'un bouquet de tamaris l'arête de leurs dos courbés, et leurs petites cornes en croissant qui se dressent. La plupart de ces bœufs de Camargue sont élevés pour courir dans les *ferrades*, les fêtes de villages ; et quelques-uns ont des noms déjà célèbres par tous les cirques de Provence et de Languedoc. C'est ainsi que la *manado* voisine compte entre autres un terrible combattant appelé le *Romain*, qui a décousu je ne sais combien d'hommes et de chevaux aux courses d'Arles, de Nîmes, de Tarascon. Aussi ses compagnons l'ont-ils pris pour chef ; car dans ces étranges troupeaux les bêtes se gouvernent elles-mêmes, groupées autour d'un vieux taureau qu'elles adoptent pour conducteur. Quand un ouragan tombe sur la Camargue, terrible dans cette grande plaine où rien ne le détourne, ne l'arrête, il faut voir la *manado* se serrer derrière son chef, toutes les têtes baissées tournant du côté du vent ces larges fronts où la force du bœuf se condense. Nos bergers provençaux appellent cette manœuvre : *vira la bano au giscle* — tourner la corne au vent. Et malheur aux troupeaux qui ne s'y conforment pas. Aveuglée par la pluie, entraînée par le vent, la *manado* en déroute tourne sur elle-même, s'effare, se disperse, et les bœufs éperdus, courant devant eux pour échapper à la tempête, se précipitent dans le Rhône, dans le Vaccarès ou dans la mer.

ÉPILOGUE

La table est hospitalière, bien servie, bien entourée. La lumière de deux grandes lampes s'abat, éclatante et blanche sur une nappe lustrée ; et les visages éclairés à la hauteur des yeux sortent en cercle de l'ombre, paisibles, souriants, épanouis. C'est la fin d'un repas d'amis, l'heure des effusions, des chaleurs de cœur ; et, comme voilà longtemps que ces braves gens se connaissent, on sent dans l'atmosphère de leur causerie la tranquillité, la sécurité d'une habitude. Les mots se croisent sans se heurter, les idées se font des concessions, des politesses, se rangent pour se laisser passer. On échange des regards aussi chaleureux que des poignées de mains. On remue des rayons au choc des verres ; et la bonne humeur des convives est franche comme la couleur des vins de France dans le cristal des carafes.

Tout à coup la scène change. La table semble agrandie, aussi plus sombre. Les coudes qui se touchaient fraternellement s'écartent les uns des autres, et cela fait des vides où l'on sent passer un peu de l'air froid et du noir de la nuit, comme si une fenêtre s'était ouverte subitement. Qu'est-ce qu'il y a donc? Qu'est-ce qu'il arrive?... C'est la politique qui vient d'entrer... Laissez-la faire. Dans cinq minutes cette aimable tablée, si paisible, va devenir discordante et criarde. Les voix vont s'aigrir en discutant, le vin tourner dans les bouteilles. Plus d'épanchements, plus de confidences.

Les convives mangent avec fureur. Il y en a qui parlent tout seuls, comme dans une langue étrangère, sans écouter ce qui se dit autour d'eux. D'autres au contraire suffoqués d'indignation deviennent bleus, font des gestes, s'étranglent avec des paroles rentrées. Des mots blessants, des regards chargés de haine partent, se croisent comme des balles. On se jette à la tête des dates de révolution, des noms de rues à fusillades; il y a des nuits de décembre, des jours de juin qui revivent, jonchés de morts dans des émotions de jeunesse retrouvées. Les plus vieux amis se regardent stupéfaits, s'apercevant qu'ils ont entre eux des distances de champ de bataille, des barricades écroulées depuis vingt ans; et à mesure qu'on fouille l'histoire, ce nid à rancunes, il en monte une ivresse de colère, qui fait qu'on arrive à bégayer, à écumer, à serrer les manches des couteaux en se regardant.

C'est l'hydrophobie politique, terrible maladie dont toute la France est atteinte en ce moment.

O politique, je te hais !

Je te hais parce que tu es grossière, injuste, haineuse, criarde et bavarde ;

Parce que tu es l'ennemie de l'art, du travail ;

Parce que tu sers d'étiquette à toutes les sottises, à toutes les ambitions, à toutes les paresses.

Aveugle et passionnée, tu sépares de braves cœurs faits pour être unis, tu lies au contraire des êtres tout à fait dissemblables.

Tu es le grand dissolvant des consciences, tu donnes l'habitude du mensonge, du subterfuge, et, grâce à toi, on voit des honnêtes gens devenus amis de coquins pourvu qu'ils soient du même parti.

Je te hais surtout, ô politique, parce que tu en es arrivée à tuer dans nos cœurs le sentiment, l'idée de patrie ;

Parce que j'ai vu des démocrates se frotter les mains en apprenant les désastres de Forbach et de Reischoffen et des impérialistes après le Quatre Septembre ne pas même essayer de dissimuler leur joie à chaque nouvelle défaite de Chanzy ou de Trochu.

Je te hais enfin parce que c'est toi qui nous as valu cette terrible parole d'Henri Heine :

En France il n'y a plus de nation, il n'y a que des partis.

Paris, 1873.

FIN

TABLE

	Pages.
Journal d'un Solitaire, 1870-1871.	1
Mari-Anto. — Etude de femme Corse.	99
Les Etoiles. — Récit d'un Berger Provençal.	109
Le Vol. — Etude.	120
Le Bandit Quastana.	129
Le Danger. — Etude.	147
La mort du Duc de M***. — Etude historique.	155
Un Nabab. — Etude historique	161
Mœurs parisiennes.	170
Etude de comédien..	198
Les Sauterelles.	206
Les Douaniers.	214
Les Oranges.	221
Lyon. — Souvenirs d'enfance	228
Le Cabecilla.	237
Kadour et Katel	244
Les trois Corbeaux.	252
Salvette et Bernadou.	258
Le Bon Dieu de Chemillé.	267
Wood'stown.	274
En Camargue.	282
Épilogue.	301

Poissy. — Typ. S. Lejay et Cie.

www.ingramcontent.com/pod-product-compliance
Lightning Source LLC
Chambersburg PA
CBHW071603170426
43196CB00033B/1710